剑桥历史分类读本

第一次世界大战的历史

丁牧 主编

中国商务出版社
CHINA COMMERCE AND TRADE PRESS

图书在版编目（CIP）数据

第一次世界大战的历史 / 丁牧主编 . -- 北京：中
国商务出版社，2017.6

（剑桥历史分类读本）

ISBN 978-7-5103-1946-4

Ⅰ . ①第… Ⅱ . ①丁… Ⅲ . ①第一次世界大战－历史
Ⅳ . ① K143

中国版本图书馆 CIP 数据核字 (2017) 第 155675 号

剑桥历史分类读本

第一次世界大战的历史
DIYICI SHIJIEDAZHAN DE LISHI

丁牧　主编

出　　版：中国商务出版社

地　　址：北京市东城区安定门外大街东后巷 28 号　　邮编：100710

责任部门：中国商务出版社　商务与文化事业部（010 － 64515151）

总 发 行：中国商务出版社　商务与文化事业部（010 － 64226011）

责任编辑：崔　笏

网　　址：http://www.cctpress.com

邮　　箱：shangwuyuwenhua@126.com

排　　版：映象视觉

印　　刷：北京市松源印刷有限公司

开　　本：700 毫米 ×1000 毫米　　1/16

印　　张：14.5　　　　　　　　　　字　　数：215 千字

版　　次：2018 年 1 月第 1 版　　　印　　次：2022 年 1 月第 2 次印刷

书　　号：ISBN 978-7-5103-1946-4

定　　价：42.00 元

编委会

序

　　我在大学任教多年，一个较明显的体会是，许多学生对人类文化发展的历史知之甚少。就是说，那些人类传承下来的宝贵历史财富，许多学生并没有很好地吸收接纳。古人曾指出"以史为镜，可以知兴替"，所以说，了解人类文化的历史，是很重要的。了解历史能使我们开阔视野，吸取经验教训，明白人类是如何走到今天，这对我们的成长大有裨益。

　　读历史很重要，如何选择历史读本也很重要。剑桥大学编纂出版的历史类图书，是世界公认的最权威、最全面的历史图书之一，剑桥大学不但出版按国别区分的历史类图书，而且还出版了按类别区分的历史类图书。阅读学习这样的史书，对读者的帮助很大。

　　现在摆在你面前的这套"剑桥历史分类读本"，就是参照了剑桥大学出版的大量分类历史图书的体例，又借鉴了我们国内相关历史类图书的写作方式，按照中国人的阅读习惯，精心筛选，重新编写而成的。另外，每册图书又配以近200张彩色图片，力求用图说的形式和通俗易懂的语言，来更为生动形象地讲述历史。

　　相信这套图文并茂的"剑桥历史分类读本"，无论对于在校的中学生、大学生，还是已步入社会的青年朋友，都是值得一读的，它既能让你获得美的享受，又能让你得到思想的启迪。因此，我特向你推荐这套开卷有益的图书。是为序。

丁　牧

中央电视台《百家讲坛》主讲人

北京电影学院文学系教授、博士生导师

前言

剑桥大学编纂出版的历史类图书,是世界公认的最权威、最全面的历史图书之一,剑桥大学不但出版按国别区分的历史类图书,而且还出版了按类别区分的历史类图书。

剑桥大学出版的历史图书有两个显著的特点:一是撰写历史时,大都是放在大的文化背景下阐述,有着文化的历史的标志;二是这些历史图书大多不是刻板生硬的教材,而是用通俗易懂的文字来描述历史。这是我们这套丛书参照编写的原因。

中国的大学生以及毕业后走上工作岗位的白领们,由于初高中时期繁重的作业及应试压力,他们对于人类的历史只是一知半解,对于那些人类传承下来的宝贵的历史财富,并没有很好地吸收接纳。古人曾指出"以史为镜,可以知兴替",所以说,了解人类的历史,是件很重要的事情,这将使我们在人生的道路上终身受益。

本套丛书参照剑桥大学编纂出版的按类别区分的历史类图书,同时也参照其按国别区分的历史类图书,在此基础上,又结合了我们国内历史类图书的内容,这样就形成了本套图书的体例。

虽然剑桥大学的历史图书比较通俗,但对于非历史专业的读者来说,读起来还是有些困难。所以,为达到通俗易懂的目的,本套丛书在形成的体例基础上,以大事件将历史串联起来,同时每册图书还配以近 200 张彩色图片。不仅如此,每册图书都是以历史真实事件为基础、用故事性的描述语言编写完成的。

希望经我们的努力,打造出的这套丛书,能得到读者朋友们的喜爱。

《剑桥战争史》将第一次世界大战（以下简称一战）划归在书的第四部分，即机械化战争的时代（前三部分是：密集型步兵时代、石堡时代、枪炮和帆船时代），这是不言而喻的。

在普法战争（1871年）到一战（1914年）的这43年里，帝国主义列强空前发展，工业技术普遍提高，而其陆军和海军武器技术都产生了革命性的变化，这样一来，各个帝国主义列强都有了发动世界大战的资本，侵略的野心也就空前高涨。

《剑桥战争史》还指出，在上述的43年里，各帝国主义列强国家对殖民地的掠夺还有足够的空间使各方相对保持足够的距离，但到了1914年，情况发生变化，各帝国主义列强国家终于因争夺殖民地矛盾激化，在欧洲的火药桶——巴尔干，点燃了第一次世界大战的导火索。

一战是一场非正义的战争，是帝国主义列强之间为了争夺利益发动的战争，它是人类历史上的大灾难，被动员参战的人数高达7000多万，900多万人死于战场，而且都是年龄在十几岁至二十几岁的青年人。人类的文明受到了空前的破坏，但因为各帝国主义列强国家的贪婪成性，这种文明的恶变到一战结束也没有终结，战后的"凡尔赛体系"，更是为第二次世界大战（以下简称二战）的爆发埋下了种子。

虽然战争结束了，但人们在腥风血雨中惊恐不安的心灵却难以平抚，战争给人类的教训是应该永世牢记的。

目　录

第一章
序幕：战争在酝酿之中

　　普法战争到第一次世界大战之间的这43年（公元1871～1914年），构成了欧洲一个前所未有的和平时期。这是因为欧洲列强在西方控制之外的殖民地夺取上，有共同的利益。虽然列强们各自在非洲、亚洲和太平洋的争夺已造成了相应紧张的态势，但列强们的目标之间还有足够的距离，这虽然推迟了世界大战爆发，但只是个假象而已。

　　　　　　　　——《剑桥战争史》

普法战争埋下一战的种子

按照《剑桥战争史》中的叙述，美国内战发生的同时，普鲁士在俾斯麦的带领下进行了一系列的战争，最终在1870年7月19日发生的普法战争获得大胜。战争完成了德意志的统一，结束了法国在欧洲大陆的霸主地位。但《剑桥战争史》也指出，普法战争助长了世界大战的趋势，为一战埋下了种子。

普法战争

在19世纪上半叶，德意志只是一个松散的号称德意志邦联的政治结构。1864年，普鲁士有"铁血宰相"之称的俾斯麦上台后，联合奥地利发动了对丹麦王国的战争，丹麦战败，普鲁士得到了石勒苏益格，奥地利也得到了荷尔斯泰因。

随后普奥之间的关系开始迅速恶化，因为俾斯麦要建立一个统一的德意志国家，奥地利就成了他下一个要对付的目标。

1866年6月，普奥战争爆发，普军在萨多瓦大败奥军，这是关键的一仗，战败的奥地利只得承认了"没有奥地利帝国参加的新德意志组织"，同意普鲁士在美因河以北成立一个德意志国家联邦。

1867年，在普鲁士主导下北方德意志联邦正式成立，这是德国统一的前奏。

值得一提的是，在普奥战争中，俾斯麦一举击溃奥军，本可乘胜侵占奥地利领土，但他估计到法俄两国那时定会出面干预。再从长远考虑，于是他拒绝了攻下奥地利首都的建议，而是和奥地利签订了宽松条约，以求以后与法国争斗时，奥地利不会成为自己的敌人。

在早期，四分五裂的普鲁士对欧洲其他国家并没有构成太大的威胁，它与英国、俄国甚至结成联盟，共同击败了拿破仑统治的法国。但是，如果普鲁士统一德国之后，一切都将不一样了。统一后的德国，其人口和工业潜力非常巨大,发展战略非常明确,即要成为欧洲大陆上最强大的国家。它的迅速强大,使其可以压倒周边的任何国家,其中包括法国。

在俾斯麦对付奥地利时,为了让欧洲霸主法国保持中立,曾许诺了很多好处给法国,法国也乐得坐山观虎斗,坐收渔人之利。但随着普鲁士的迅速取胜和迅猛崛起,它开始对法国的霸权构成威胁,法国这时才突然惊觉普鲁士已不再是以前的弱小邦国了。

法国此时便竭力阻止普鲁士统一德国。而对普鲁士来说,对法作战就成为统一德意志的最后关键一战,俾斯麦在等待着有利的时机。

俾斯麦利用南部德意志诸邦对法国的恐惧

俾斯麦

心理和两者之间的矛盾,以此促进南北德意志双方的民族感情。1870年,时机到来。这一年7月,普鲁士国王威廉一世的亲属——霍亨索伦家族的利奥波德亲王,应西班牙政府之邀同意继承西班牙王位。法国因担心普西联合反法而极力反对,要求普王书面保证永远不赞成霍亨索伦家族的亲王登上西班牙王位。普王虽感屈辱,仍表示将在柏林继续讨论这一问题,并将有关情况电告了俾斯麦。

俾斯麦毫不犹豫,以普鲁士国王的名义拒绝了法国大使的要求。消息传到法国,引起了法国人的愤怒,这就迫使法国于7月19日首先向普鲁士宣战。

法军制定了作战计划:集中兵力先行出击,越过莱茵河向法兰克福推进,迫使南德意志各邦保持中立,而后联合奥地利取道耶拿直取柏林,最终击败普鲁士。

然而,路易·波拿巴的如意算盘无一不在俾斯麦的意料之中。

1867年8月2日,法军开始进攻普鲁士,然而巴黎政府内部的不和谐严重影响了法军的士气和决策。而普军则在统帅老毛奇的率领下,连续大败法军。

就在这一年的8月31日,法国沙隆军团被普军第三、第四军团围困在

被俘的拿破仑三世
（左）与俾斯麦在
交谈

色当。在 9 月 1 日的色当之战中，法军几次突围，均被击退。次日，不得已的拿破仑三世率军 9 万余人向普鲁士投降。

法军在色当战役中战败，拿破仑三世连同在色当的法国官兵全部成了俘虏的消息传到巴黎后，巴黎广大人民对拿破仑三世统治不满的情绪立刻像火山一样爆发了。工人和小资产阶级纷纷冲入波旁宫立法团会议厅，要求废除帝制，恢复共和。共和派议员在市政厅正式宣布成立共和国，建立临时政府，法兰西第二帝国就此垮台，随即法兰西第三共和国建立。

然而，拿破仑三世的投降并没让俾斯麦满意，获胜的普军长驱直入，包围了巴黎。1871 年 1 月底巴黎失陷，两国签订了停战协定。为了镇压巴黎群众的革命运动，法国政府与德国签署的《法兰克福条约》规定：法国赔款 50 亿法郎、割让阿尔萨斯全部和洛林大部地区。法国以此换取德国从法国撤军和释放战争中被俘的 10 万名法国战俘，用于镇压巴黎公社运动。

这次战争使普鲁士完成了德意志统一，结束了法国在欧洲的霸权地位。进入巴黎的普鲁士国王威廉一世在凡尔赛宫加冕为皇帝，德意志帝国宣告成立。这种形势的出现，改变了整个欧洲的态势，欧洲从此进入了多个强国角逐的时代。直到第一次世界大战爆发，这种态势才发生了变化。

两大军事集团的形成

德国统一后，国力迅速增强，扩张之势强劲。

在此过程中，德国与周边国家存在诸多矛盾。德国与法国由于阿尔萨斯和洛林等领土问题积怨已久，德国和俄国的关系也由于长期的贸易摩擦而恶化。与此同时，奥匈帝国因与俄国争夺巴尔干地区而冲突不断，这给了德国一个机会。

为了防范法俄结成反德集团，德国决定加强与奥匈帝国的关系。1879年10月，德奥首先缔结了针对俄国的秘密军事同盟条约《德奥同盟条约》。条约规定：如果缔约国一方遭到俄国进攻，另一方有义务以其全部军事力量实行互助；如果缔约国一方遭到另一国家进攻，缔约国另一方应对其盟国采取善意中立，但是如果进攻的国家得到俄国的支持，缔约国双方应共同作战直至共同议和。

不久德国又利用法国和意大利争夺突尼斯的矛盾，拉拢意大利，以共同对付法国。

1882年5月，德、奥、意签订《德奥意三国同盟条约》。条约规定：如果法国进攻意大利，德、奥给予意大利军事援助；如果法国进攻德国，奥、意负有同样义务；如果三个盟国中任何一方受到两个或两个以上的强国攻击，其他两国保证给予援助。这个军事同盟集团以德国为主，奥匈帝国是依附于德国的伙伴，意大利则是一个随时待价而沽的不可靠的盟友。

1883年，罗马尼亚与奥匈帝国签订秘密条约，成为这个军事集团的附庸。

为了与这三国同盟对抗，法国和俄国也进一步接洽。1892年，法俄签订了《法俄军事协定》，结成法俄军事同盟。条约规定：若德国、意大利进攻法国，俄国出兵协助；若德国、奥匈帝国进攻俄国，法国出兵协助；若三国同盟同时出兵进攻法俄任何一方，双方须共同作战。截至1894年，两国还签订了一系列政治和军事协定，逐步建立起同盟关系。

在欧洲大陆国家初步形成这两个相互对峙的军事集团时，英国尚置身于集团之外，坚持其"光辉孤立"和对欧洲的均势政策。但英国对来自德国经济的强烈竞争，及德国要求重新瓜分殖民地的咄咄逼人的进攻态势深感恐惧。当德国为了贯彻其称霸世界的政策而着手建立一支强大海军时，英德两国展开了直接对抗。英国因此认定德国故意奉行反对英国的政策，英德矛盾逐渐上升为列强之间的主要矛盾。

德军宣告普法战争
的胜利

为了战胜德国，英国调整外交战略，采取了积极的结盟政策。1902年，英国与日本结成同盟，以遏制俄国和德国在远东的扩张。1904年，英法缔结协约，协调了两国在殖民地方面的矛盾，协约规定英国承认法国在摩洛哥的利益，法国不妨碍英国在埃及的行动。1907年，英俄缔结协约，划分了两国在波斯的势力范围，俄国承认英国在阿富汗的利益。法俄同盟与英法协约、英俄协约一起，构成了三国协约。

至此，"三国同盟"和"三国协约"也称"同盟国"和"协约国"这两大军事集团在欧洲形成了对峙局面。一战爆发前，国际政治舞台上发生的所有重大事件，几乎都是这两大军事集团对抗与冲突的体现。就这样，普法战争后一系列的世界格局的变化，为人类第一次世界大战埋下了种子。

动荡的巴尔干，欧洲的火药桶

　　1914 年，由于拼凑而成的国家之间形成了不安定的疆界，使巴尔干半岛成为欧洲极特别的地方。在这里，各个地区的人说着自己的语言，且每个地区都拥有自己的风俗习惯和宗教信仰，这就更加加深了彼此间的矛盾。19 世纪以来，巴尔干半岛就是各种势力相互角逐最激烈的地区，这一地区被称为欧洲的火药桶，战争随时都可能爆发。

第一次巴尔干战争

　　位于欧洲东南部的巴尔干半岛，处在欧、亚、非三大洲的汇合处，既控制着通往印度洋的航路，也控制着地中海和黑海的门户，并且有着丰富的自然资源，因此战略地位非常重要。自 14 世纪以来，这一地区一直处于奥斯曼土耳其的殖民统治和奴役之下。

　　在奥斯曼帝国长达四五百年的残酷统治下，巴尔干各地的人民进行了英勇的斗争，于 19 世纪先后走上独立发展的道路，巴尔干半岛各省一个接一个地宣称民族自治，或者干脆脱离土耳其独立。

　　1817 年塞尔维亚取得自治权。1829 年瓦拉几亚与摩尔达维亚也争取到地方自治的权力；1832 年希腊独立；1878 年塞尔维亚完全独立；而瓦拉几亚和摩尔达维亚也在同一年独立；保加利亚则于 1878 年取得地方自治权，并于 1908 年独立。

　　尽管如此，在 20 世纪初，包括阿尔巴尼亚、马其顿、色雷斯、克里特、爱琴海诸岛屿等地区在内，巴尔干地区仍有很大一部分领土处于奥斯曼土耳其的统治下。随着奥斯曼土耳其帝国的日益衰落，就像草原上倒下的一头大象，吸引了一大群嗜血的狮子、鬣狗和秃鹫。奥斯曼土耳其帝国统治下的巴尔干半岛，成为各强国瓜分的重要目标。

　　巴尔干半岛的两个邻近帝国——奥匈帝国和沙俄帝国，都希望能在瓦

奥斯曼帝国的军队

解的奥斯曼土耳其帝国那里获得新的领土,这使得它们之间经常爆发冲突,互不相让,在巴尔干半岛展开了长达 40 年的暗中争斗。

以德国为首的其他列强,则利用"利益均沾"的方式卷入这场地区争夺。面对着奥斯曼土耳其帝国的大片土地,意大利首先发难,它对位于地中海南岸的土属的的黎波里早有野心,于是在 1911 年发动了对奥斯曼土耳其的战争。

奥斯曼帝国对意大利的挑战显得无可奈何,战争进行了一年,也没能打败意大利,这充分暴露了奥斯曼帝国在军事上的软弱无力。但这场战争也让巴尔干周边的国家认识到,又多了一个竞争者意大利要分割奥斯曼帝国在巴尔干的领地,于是它们开始寻求结盟。这时俄国也担心巴尔干地区被别的列强抢占,便竭力说服和促使巴尔干地区的斯拉夫国家与俄国结盟。

20 世纪初的欧洲大陆,战争阴霾密布,已是山雨欲来,各列强之间以及列强与殖民地之间的矛盾不断加深,斗争愈演愈烈。巴尔干地区已经成为了这些矛盾的交汇点,1912 年终于爆发了以保加利亚、塞尔维亚、希腊、黑山等国所组成的"巴尔干同盟",反对奥斯曼土耳其帝国的战争,第一次巴尔干战争爆发。由于各列强在巴尔干地区有着重大利益之争,所以这些交战国的身后都有大国插手和较量。

战争进行中,巴尔干同盟国把重点兵力指向各自预先想夺取的地区:黑山军队进入阿尔巴尼亚北部,保加利亚军队攻打东色雷斯,塞尔维亚军队出击马其顿北部,希腊军队开赴马其顿南部。巴尔干同盟军情绪激昂,乘胜前进，均达到了预期的目标，而奥斯曼帝国军队则丢城弃地，节节败退。

巴尔干同盟军一连串的军事胜利，并不符合那些大国的利益。俄国在支援巴尔干国家的同时，又担心保加利亚军队进抵伊斯坦布尔而不利于自己解决黑海海峡问题；德国和奥匈帝国则认为塞尔维亚和希腊是站在协约国一方的，因此不希望它们强大，却把土耳其看作自己潜在的盟邦，因此竭力防止奥斯曼帝国覆灭。

在各大国的压力下，1912年底，奥斯曼帝国与保加利亚、塞尔维亚签订了停战协定。1913年5月30日，交战各国在伦敦召开和会，原属奥斯曼土耳其的马其顿被塞尔维亚、保加利亚及希腊瓜分，塞萨洛尼基则被并入希腊。随后奥匈帝国加入和会，奥匈帝国恐怕塞尔维亚得到自己西南面的阿尔巴尼亚后变得更加强大，坚持阿尔巴尼亚必须独立。奥匈帝国的动议却与塞尔维亚的梦想相违背，塞尔维亚一直希望通过夺取土耳其在欧洲的领土，建立一个包含塞尔维亚、黑山、波斯尼亚、黑塞哥维那及阿尔巴尼亚的"大塞尔维亚"。

在这几个月里，第一次巴尔干战争的胜利者们因为战果的瓜分问题而争吵不休。5月30日，经过交战双方讨价还价和大国间的背后交易，土耳其与巴尔干同盟四国签订了《伦敦条约》，至此第一次巴尔干战争结束。根据这项条约，奥斯曼帝国几乎丧失了它在欧洲的全部领土，巴尔干各国人民摆脱奥斯曼帝国压迫的愿望得以实现。

《伦敦条约》的签订，虽然结束了第一次巴尔干战争，却加深了巴尔干同盟国家之间的矛盾，参战各国几乎都不满足，认为自己从奥斯曼帝国那里得来的不够多，从而为第二次巴尔干战争埋下了火种。

第二次巴尔干战争

《伦敦条约》的墨迹未干，仅过了一个月，"巴尔干同盟"内部就起了纷争。1913年6月至8月间，第二次巴尔干战争又爆发了。这次敌对的双方不同了，一方是塞尔维亚、希腊、罗马尼亚、黑山和奥斯曼帝国，一方是保加利亚。

保加利亚号称"东方的普鲁士"，在巴尔干同盟四国中它的战斗力也是最强的。保加利亚认为，在第一次巴尔干战争中，自己出力最大，应分得更多更好的领土，应占有马其顿中部的斯科普里城，以及萨洛尼卡等地，甚至独霸马其顿。为此，它决定动用武力，驱赶希、塞等盟国军队。而塞尔维亚一心想得到马其顿的亚得里亚海出海口，希腊也希望牺牲保加利亚以扩大自己的领土，罗马尼亚则向保加利亚提出对多布罗加的领土要求。

战利品的分配不公，使得"巴尔干同盟"中的三个国家都对保加利亚有意见。为了共同对付保加利亚，希腊和塞尔维亚经过秘密谈判，于1913年6月1日缔结了共同对付保加利亚同盟条约。

正当这些巴尔干国家为分享战利品争得难分难解时，几个帝国主义大国又插了进来。在奥匈帝国和德国的唆使下，保加利亚于1913年6月29日夜间，对在马其顿的塞尔维亚军队与希腊军队采取军事行动，此时协约国集团则公开站在希腊和塞尔维亚一边。

对于保加利亚先发制人的进攻，塞尔维亚、希腊和黑山三国早有预料和准备，所以并不感到突然。它们很快便组成了60万人的军队，全力应战。保加利亚错误地估计了形势，它原以为几天之内便可以打败对手，但事实恰恰相反，保加利亚军队的进攻一开始就遇到了有力的抵抗，它的各集团军前进受阻，被迫转入防御。紧接着罗马尼亚利用保加利亚的困难处境，趁机向保加利亚宣战，奥斯曼帝国也卷土重来，出兵保加利亚的东色雷斯。结果，在短短一个月时间里，保加利亚腹背受敌，危在旦夕，陷入了四面楚歌的困境，首都索非亚告急。保加利亚只好被迫求和，签订了割地赔款的和约，重新划定巴尔干各国的边界。保加利亚不仅失去了它在第一次巴尔干战争中获得的大部分土地，而且还失掉了一部分自己原有的领土。

第二次巴尔干战争的结果，是巴尔干半岛的力量重新组合：罗马尼亚脱离了三国同盟，而与协约国靠近；因失去许多领土而被大大削弱了的保加利亚则加入德、奥同盟；以俄国为后台的塞尔维亚几乎把领土扩大了一倍，成了扎进奥匈帝国身边的一根刺。奥匈帝国统治者下定决心，不能再让塞尔维亚赢得进一步的利益。

两次巴尔干战争，不仅没有满足巴尔干各国的领土欲望，反而加深了它们之间的矛盾，同时也加剧了业已形成的两大帝国主义集团对该地区的争夺和角逐。这个欧洲的火药桶，随时会被一场新的战争引爆。

萨拉热窝事件，一战的导火索

在巴尔干，1914年6月28日，塞尔维亚的国庆日，奥匈帝国皇位继承人斐迪南大公夫妇被塞尔维亚族青年普林西普枪杀。此次刺杀行为点燃了一战的导火索，由此，造成了人类社会的巨大灾难。

萨拉热窝事件

1914年6月28日清晨，弗朗茨·斐迪南大公夫妇正在对奥匈帝国领土最南端波斯尼亚省的萨拉热窝市进行官方访问。

斐迪南大公是哈布斯堡王朝皇帝弗朗茨·约瑟夫的大侄子。皇帝的独生子自杀身亡后，斐迪南大公便成了奥匈帝国皇位的合法继承人。他这次是以奥匈帝国军队总检察官的身份访问萨拉热窝的，此行的任务是担任当地夏季军事演习的观察员。妻子索菲也同他在一起，周末是他俩结婚14周年庆。

斐迪南大公夫妇被刺情景

可是就在那天，在车队途经的人群中，却隐藏了 6 个年轻刺客，他们中的 5 个是波斯尼亚的塞尔维亚人，年龄均是十几岁。他们在波斯尼亚生长，但祖籍是塞尔维亚。他们都是波斯尼亚青年会的成员，这是一个激进的爱国组织，资助这个波斯尼亚青年会的是另一个极为秘密的塞尔维亚民族主义者组织，该组织的正式名称是"统一或死亡会"，内部成员自称是"黑手会"。黑手会的目的就是要扩大塞尔维亚王国。当时的塞尔维亚王国毗邻波斯尼亚，虽说国土不大，但黑手会野心勃勃，希望把巴尔干半岛上的所有塞尔维亚人都团结起来，建立大塞尔维亚王国，而波斯尼亚将成为新王国的一部分。

斐迪兰大公及其妻子乘坐的敞篷轿车驶向市政厅时，忽然，一枚黑色的炸弹飞向大公夫妇的车子，司机立刻加速，炸弹在大公夫妇车子后不远处爆炸，炸坏了后面的一辆轿车，炸伤了几个人，但大公夫妇毫发无损。

斐迪南大公的车队迅速抵达市政厅，市长举行欢迎仪式。此后，斐迪南大公宣布要调整访问路线，因为他坚持要去医院看望一下刚被炸伤的人。这是哈布斯堡家族的传统，借此显示一下君主对臣民的爱护。

刺杀小组的第一名成员普林西普埋伏在路边，他拔出左轮手枪，瞄准前往医院的斐迪南大公夫妇连开了两枪，大公夫妇中枪。此刻，普林西普企图举枪自杀，却被人群阻止了。随后，普林西普成功吞下一小瓶氰化物，但是氰化物已经过期，只能引起呕吐，毒不死人。普林西普随即被捕。几分钟后，斐迪南大公和妻子被宣布去世。

斐迪南大公遇刺的消息引起了巨大轰动，各国高层反应不一。83 岁高龄的奥匈帝国皇帝弗朗茨·约瑟夫在维也纳听到这个消息后，竟然有一点儿幸灾乐祸。他一直讨厌斐迪南大公，因为大公有许多进步想法，如斐迪南大公想给予哈布斯堡王朝的斯拉夫臣民以管理帝国的话语权，受惠者就包括波斯尼亚境内的塞尔维亚人。如今斐迪南大公被塞尔维亚人刺杀，实在具有讽刺意义。

德国皇帝威廉二世在听到这个刺杀消息后，立刻结束在挪威的航海度假，返回国内。他这样做，更多的是因为斐迪南大公是他的好朋友，而不是他预见到了什么紧急情况。

沙皇尼古拉二世在他的游艇"史丹达号"上宣布为期 3 周的哀悼，此举是为了向被杀的大公表示敬意。

奥匈帝国皇帝弗兰茨·约瑟夫（左）

这一刺杀消息却没有引起英国和法国的兴趣。这两个国家都在集中精力对付其他问题，这些问题要比刺杀事件重要得多。

对大西洋对岸的美国人来说，斐迪南大公不过是一位没有听说过的人，他在一个没有听说过的地点被刺杀的新闻，对美国根本没有任何重要意义。

但是，奥匈帝国王储斐迪南大公在萨拉热窝被刺杀事件，却被企图发起战争的军事集团所利用。此时，奥匈的军国主义者们大声叫嚣，要"拔出宝剑，对准塞尔维亚"，要彻底摧毁其称霸巴尔干的障碍。奥匈帝国的高层都认为，"解决塞尔维亚问题"的时机到了，要求立即进行军事动员，对塞尔维亚宣战。但他们担心俄国会干预，于是请求威廉二世帮助。

德国也一直在寻找战机。这一年发生的两件事促使德国力求与法俄两国速战：一是4月份英国开始同俄国进行海军谈判，小毛奇获知此事后，大为不安；二是6月间德国完成了基尔运河的加宽工程，使其新造的"无畏舰"能从北海通过运河直接驶入波罗的海，这就加速了军队调动的灵活性。

1914年6月1日，小毛奇对曾出使英国多年的埃克哈德施泰因说："我

威廉二世

们已准备就绪,战争对我们是愈快愈好。"因为德国深知,如果战争拖至1917年,俄法两国新的扩军计划完成,实力对比就会发生变化,这对自己不利。

6月28日星期日下午,威廉二世被狂热的军国主义者们说动,像下了赌注的赌徒一样不停地狂叫:"1914年是千载难逢的机会!"

7月5日,奥匈驻德大使卓基夷奉命把弗兰茨·约瑟夫皇帝的亲笔信呈交给威廉二世。信上说,奥皇储遇刺"是俄国和塞尔维亚大斯拉夫主义者直接鼓动的结果,他们唯一的目的就是要削弱三国同盟,分裂我的帝国……如果我们容许这种情况继续下去,就意味着我的朝廷和我的领土将长期遭受危险……最近在波斯尼亚发生的可怕事件,你一定也认为奥、塞之间的敌对状态要想求得友好的解决已是不可能的了,只要贝尔格莱德这种罪恶的煽动根源不受到惩罚,则所有欧洲君主国家的和平政策将受到威胁"。信中所谓惩罚塞尔维亚,就是指发动侵略战争。弗兰茨·约瑟夫恳求威廉二世表态支持他的战争行动。

威廉二世当场表示,奥匈帝国"可以肯定地指望德国作为一个盟国和友邦为它的后盾""德国全力支持"奥匈对塞尔维亚"采取军事行动",并且认为,"如果我们放过这次如此有利的机会,将是可惜的"。

1914年7月5日和7月6日,威廉二世接连召集高级将领和政府大臣,在波茨坦宫举行会议,把可能发动战争的事告诉自己的宠臣。将军们回答皇帝说,一切战争准备已经就绪,就这样,德国作出了发动战争的决策。

德总参谋长于7月5日谒见奥皇,转达了德国的答复。这位82岁的奥匈老皇帝喃喃地说:"1914年我们不能再回头了,将要有一场可怕的战争。"奥匈帝国立即着手准备发动战争。

在德奥准备发动战争的同时，俄法两国也开始积极备战。7月20日，法国总统彭加勒和总理维维安尼访问俄国。两国相互保证，一旦对德国开战，两国一定履行自己作为盟国的义务。

英国也已经做好战争准备，并且认为迟打不如早打，再拖延下去，将对自己的国家不利。因为英国看到德国的生产能力日益强大，在海军造舰竞赛中会很快赶上来，自己必须在1914年还保持海军优势的情况下，通过战争击败危险的对手。不过在萨拉热窝事件后，英国并没有参战的意向，英国议会和内阁中有12名内阁成员不赞成参战，整个民众和大部分自由党人也反对参战。

所以，当时在声势浩大的和平运动的压力下，英国外交大臣格雷向德国驻英大使说，英国同俄法两国没有任何同盟关系，不受任何义务的约束，并一再申明英国的态度是"尽一切可能防止大国之间发生战争"。

七月最后通牒，一战爆发

奥匈帝国政府终于在1914年7月23日，向塞尔维亚发出了最后通牒。

在最后通牒中，奥匈要求塞尔维亚政府采取以下行动：

（1）查封任何引起对奥地利皇室憎恨和藐视的刊物；

（2）马上取缔民族自卫组织，并取缔其他反奥匈宣传的组织；

（3）即刻从教育团体及教学方法中，删除任何会或可能会煽动反奥匈之宣传的教学内容；

（4）革除军部或行政部门中被指进行反奥匈宣传的官员，而此等官员的名单由奥匈政府提供；

（5）接受与奥匈政府有关部门的合作，在塞尔维亚镇压企图颠覆奥匈帝国领土完整的活动；

（6）在奥国政府指定的有关部门之协助与指示下，采取法律行动以惩罚策划和执行6月28日刺杀事件且现在还在塞尔维亚领土内的人士；

（7）即刻逮捕奥匈初步调查所认定的两名刺杀人士；

（8）保持合作，以有效措施遏制其境内的军火走私；

（9）向奥匈解释对其怀有敌意、在塞尔维亚境内或境外的塞尔维亚高级官员之言论；

（10）马上采取以上措施，并告知奥匈帝国。

这份所谓的最后通牒，实际上是奥匈帝国以惩罚塞尔维亚而开战的理由。奥匈帝国在最后通牒中开出的 10 个条件，塞尔维亚只接受其中 8 个，不接受第 5 条和第 6 条。

因此，奥匈帝国在 7 月 28 日向塞尔维亚宣战。最终，一战全面爆发。

在奥匈帝国发出最后通牒后，俄国通知奥匈帝国，攻击塞尔维亚会引起俄国战争总动员，并表示俄国不容许奥匈帝国打垮塞尔维亚，而成为巴尔干半岛的霸主。

于是，奥塞战争爆发后，俄法两国出于对自身利益的考虑，站在了塞尔维亚一边，它们立即进行了战争总动员。

7 月 31 日，德国向俄国和法国发出最后通牒，要求它们立即停止总动员，但遭到俄法两国的严辞拒绝，于是德国一怒之下于 7 月 31 日向俄国宣战，8 月 3 日对法国宣战。

8 月 2 日，德国总参谋部为了实行施利芬计划，向比利时送交最后通牒，要求允许德军借道比利时对法军作战，并限其在 24 小时内答复。700 万人口的比利时勇敢地拒绝了德国的无理要求。

一战时，战壕极其重要

8 月 4 日，德国悍然破坏 1839 年保证比利时永久中立的条约，发动四路德军侵入比利时。英国获知德国有入侵比利时的意图后，于 8 月 4 日向德国发出最后通牒，要求德国无条件尊重比利时中立。但德国宰相贝特曼对英国驻德大使声称："国际条约不过是一张废纸。"

这样一来，英国就以德国破坏比利时的中立地位为由，对德宣战。于是在短短一周之内，在一片战争叫嚣声中，欧洲两大军事集团纷纷亮相，卷入到一场为期四年的世界大战中。

16

第二章
第一阶段：同盟国展开攻势

经过 1914 年夏末秋季的厮杀，西线各方军队都已精疲力尽，陷于僵持状态。恶劣的天气使令人惊骇的环境更加险恶，部队的防护更是岌岌可危。圣诞节这一天，前线士兵索性停火，一些更大胆的甚至爬出战壕。清晨刚过，大批士兵便涌进两军战壕之间的无人地带，相互交换圣诞礼物，午后，他们开始玩起了球来。然而，一进入深夜，短暂的停火即告结束，各方军队又干起了杀人的营生。

——《剑桥战争史》

激战列日要塞与马恩河

　　战争进行到1914年夏季，德国入侵中立国卢森堡，未经宣战进攻比利时。但德军在企图攻占比利时列日要塞时，遭到比利时守军的顽强抵抗。在付出伤亡万人的代价后，德国侵占了比利时全境，德军向法国巴黎推进时，遭到了法国的阻击，9月5日至9月9日双方在马恩河决战，法军获胜，德军无奈撤退，意味着施利芬计划破产。

列日要塞固若金汤

　　比利时位于法德之间，德国向法国宣战后，就冲入中立国比利时境内，准备借道比利时攻占法国。比利时军队面对强大的德军，毫不畏惧，与德军展开了一场血战。

　　德军前锋兵力10万余人，大炮200门，他们在德军西线司令官艾米赫的率领下，于1914年8月4日来到比利时境内的马斯河天险。如果德军冲过马斯河，比利时首都布鲁塞尔的门户就敞开了，比利时就离灭亡不远了。比利时全民动员，斥巨资在马斯河边修建了以列日城为核心的要塞防御体系。

列日要塞

　　列日要塞建在马斯河西岸的一个陡坡上，高出河岸100米，这样一来，马斯河就成了列日要塞的护城河。比利时还在每座炮台周围挖了防护壕，并设置大量带刺铁丝网及障碍物。

　　整个列日要塞的防御体系，可谓一夫当关，万夫莫开，被认为是欧洲最坚固的要塞。

德军被列日要塞拦住

小毛奇

德国参谋总长小毛奇知道，列日城扼守比利时境内的铁路交通枢纽，德军必须从列日城通过才能南下法国。但冲到马斯河边的德军发现桥梁被破坏，无法立即过河，就架舟桥渡河。小毛奇没想到的是，就是从这一刻起，比利时列日各炮台开始了炮火残杀德军的序幕。

比利时的大炮和机枪猛烈开火，德军正忙于渡河，猝不及防，纷纷落水，无数德军就这样命丧黄泉。艾米赫没想到会从列日炮台射出如此猛烈的炮火，他命令德军继续进攻，并且使出撒手锏，调来200门德军大炮，对准列日要塞的各炮台猛烈轰击。

列日要塞果然坚固，炮台顶盖顶住了德军炮弹的袭击，且毫发无损。比利时炮台守军对德军所在位置，特别是德军的野战阵地早就进行了精密测量，在列日要塞对德军阵地进行了精确炮火射击，德军损失惨重。

德军和比利时军从太阳东升一直打到日落西山，德军牺牲惨重，也未能攻克列日要塞。为了攻克列日要塞，德军进行了更加猛烈的炮击，但列日要塞依旧安然无恙。

无奈之下，德军司令艾米赫决定另辟蹊径，在夜间偷袭，企图给列日要塞的比利时守军一个措手不及。恰好当天夜里下起大雨，给了德军更多的掩护。于是乎，数万德军利用夜幕和风雨的掩护，悄无声息地向列日要塞的各个炮台摸去。突然间，列日要塞的各个炮台射出了耀眼的探照灯光束，黑夜顿时变成了白昼，正在旷野行军的德军一下子就暴露在比利时军人的眼皮底下。

瞬间，比利时炮台万炮齐轰，德军人仰马翻，死伤无数，就算侥幸没被炮火炸死，也会被炮台上的轻重机枪的扫射杀伤。可怜的德军士兵无处逃跑，只能被动挨打。剩下的德军士兵又受到旷野上机动驻守的比利时步兵

在齐伯林式飞艇下，
德军炮兵的演习

的攻击，死伤无数，只好撤出战斗。

德军司令艾米赫再次改变策略，决定利用猛烈炮火集中攻克攻马斯河东岸的4座比利时炮台，然后再攻克别的炮台。于是乎，德军集中炮火，炮弹像雨一样对4座炮台倾泻下来，比利时炮台被德军炮火完全笼罩住了。德军趁着这个空当发起冲锋。

只是比利时的炮台实在太坚固了，德军的大炮只能压制住比利时的炮火，却无法炸毁炮台，比利时守军奋不顾身，再次将大炮对准德军开火。满怀信心进攻的德军又一次被比利时守军的炮火炸得死伤遍地。

艾米赫这次不再撤退，命令德军用血肉之躯去对付比利时的炮火。德军前仆后继，不顾伤亡地连续攻击，虽然死伤无数，但有些德军终于跑到了比利时炮台的死角处。比利时守军的炮火覆盖不到他们，他们暂时安全了，继而可以扩展战果夺取比利时炮台。

岂不知，比利时在修建炮台的时候，就预留了对付死角地带的轻重机枪射击孔，这时，无数挺轻重机枪通过射击孔对准德军开火，德军一片片地倒下。德军虽然勇敢，奋不顾身地冲锋，但无异于飞蛾扑火，尸体像小山一样堆在了阵地上。整整一天的战斗，变成了比利时守军对德军的屠杀游戏。

可艾米赫不知悔改，夜间再次命令德军偷袭。只可惜偷袭的德军除了再次充当比利时守军的靶子外，没有获得任何战果。

德军就这样，连续进攻列日三天三夜，损兵无数，却毫无战果。

德军的巨型攻城利器

德军参谋总长小毛奇见列日要塞久攻不下，命令德军第2集团军副参谋长鲁登道夫上校率军增援，并将德军的撒手锏——巨型攻城武器运往列日。

这个巨型攻城武器是一种巨型臼炮，名叫"大贝尔塔"。"大贝尔塔"是一门巨炮，重达几百吨，长几十米，口径有420毫米。"大贝尔塔"每颗炮弹的重量达到1吨，再坚硬的钢筋混凝土建筑也能穿透，正好使用此巨炮对付列日要塞的炮台。

"大贝尔塔"首先炮击列日要塞最坚固的弗莱龙炮台。一声震天动地的巨响后，"大贝尔塔"的巨型炮弹先是冲上3000米高空，然后落下，落在弗莱龙炮台前方。炮弹虽然未打中，但炮弹落下的地面被炸出了一个几十米见方的大坑。"大贝尔塔"的巨大威力，不仅令比利时守军心惊胆战，连德军也咂舌。

"大贝尔塔"经过在空中飞艇上的德军观察员的校正后，终于打中了弗莱龙炮台的顶盖。炮弹不负众望，穿透顶盖进入炮台内部爆炸，炮台内的比利时守军被炸得血肉横飞。

德军再接再厉，让其他3门"大贝尔塔"继续发射，弗莱龙炮台被炸得粉碎。德军在炮火攻击成功后，冲上弗莱龙炮台，但无法抓到一名俘虏，因为比利时守军无一幸存。

接着"大贝尔塔"又继续摧毁了比利时守军的另外2座炮台。

轰开列日要塞的巨炮

德军攻破列日要塞

但比利时守军非常顽强,他们利用其余的炮台继续抵抗,就是不投降。鲁登道夫将"大贝尔塔"分成2组,分别炮击残余的比利时炮台。在巨炮震天的巨响中,比利时各个炮台都被炸得粉碎。

最后只剩下比利时守将李曼据守的隆森炮台了,鲁登道夫再次劝其投降,李曼依然拒绝。于是,4门"大贝尔塔"齐射,隆森炮台燃起了熊熊大火,引燃了炮台里的弹药库导致爆炸,整个炮台完全被摧毁。德军冲进去的时候,只见遍地是尸体,情景惨不忍睹。只是李曼本人完好无损,只是被炸晕了。

随后,上百万的德军通过比利时来到法国边境,著名的马恩河大战自此拉开了序幕。

右翼德军在1914年8月20日才占领布鲁塞尔,近5个集团军的近百万人马,从比利时斜插入法国。8月24日,右翼德军的主力克卢克指挥的第1集团军,约30万人向巴黎进军。8月25日,德军攻占那慕尔,离巴黎不远了。法军参谋长霞飞急了,赶紧从格林战场调集兵力组成第6集团军,由毛老里指挥,星夜行军,赶来阻滞这支右翼德军。

只是德军克卢克集团军进军的速度太快,先头部队在9月2日已挺进巴黎郊外,距离巴黎只有15英里了。顿时,巴黎人心惶惶,法国政府也迁往波尔多。第6集团军阻滞德军的计划泡汤了。

德军高歌猛进,露出缺口

克卢克并没有带领德军杀向巴黎,而是向东转,配合第二集团军指挥官比罗指挥德军的第 2 集团军，以图将法军第 5 集团军围歼。这时候，法军第 6 集团军已经赶到了巴黎附近。这样一来，德军的侧翼要从巴黎的附近经过，就必须横越法军第 6 集团军的前方。

巴黎卫戍司令加利埃尼将军看清楚了这一战机，开心地说："他们把侧翼送上门来了! 德国人怎么这样蠢! 我不敢相信有这样的事, 太好了。"他命令毛老里赶紧率法军第 6 集团军进攻德军的右翼，但法军参谋长霞飞没有批准这个建议，而是让法军第 6 集团军后撤。加利埃尼将军又找到英军远征军司令部，希望他们支持攻击德军右翼，但英军对此也不感兴趣。

9 月 3 日晚，克卢克率德军第 1 集团军追赶法军第 5 集团军和其外侧的英国远征军来到了马恩河，法军第 5 集团军和其外侧的英国远征军一片混乱，仓促退却，虽然渡过了马恩河，但没来得及炸毁桥梁。克卢克来到马恩河附近时，因追击法军第 5 集团军心切，不顾应该与德军第 2 集团军相配合的命令，准备第二天凌晨立即渡河。

此时的柏林一片喜悦，上至德皇，下到普通百姓，都认为德军即将彻底消灭法军，德国的胜利即将到来。

惨烈的一战西线战场

这时候，加利埃尼又看到了战机，即克卢克率领的德军第 1 集团军向冒险挺进，使其殿后的部队成了孤军，成为毛老里的法军第 6 集团军进攻的目标。

9 月 4 日，加利埃尼让毛老里准备好战斗，然后向法军总参谋长霞飞请示作战命令，但霞飞不知道怎么想的，还是没有同意。

其实霞飞也不是一味的逃跑主义者，他也在计划反攻，为了稳妥，希望再等一天时间，好让增援部队赶到，并让一直撤退的法军第 5 集团军作好部署，并且争取到英军的配合。而且，霞飞的计划中有一环节是攻占德军的右翼，即克卢克的德军第 1 集团军冒进的部队。

但加利埃尼没耐性等了，在 9 月 4 日下午，又给霞飞打电话请示攻打德军第 1 集团军的命令。

1914年马恩河战役纪念币

法国元帅霞飞终于同意，命令毛老里的第 6 集团军从马恩河北岸对德军第 1 集团军发动进攻。当晚 10 点钟，霞飞下令，法军的其他部队也停止后撤，准备在第二天即 9 月 6 日发动全面反攻。

可是霞飞请求英军配合反攻的计划却遭到了英军的拒绝。霞飞不得不亲自去说服英军司令弗伦奇爵士。最终，弗伦奇表示将"竭尽全力"参加法军反攻德军的战斗。

当晚，霞飞在司令部向部队发布命令："我们马上就要参加一个会战，这是关系我们国家命运的一战。撤退的阶段已经结束，现在我们应全力以赴进攻敌人，部队倘若不能再前进，那就不惜一切代价守住阵地，宁肯战死而绝不后退。在当前情况下，任何示弱的行动都是不能容忍的。"

9 月 5 日，克卢克的第 1 集团军的右后方侧翼受到了法军第 6 集团军的反击。克卢克为了对付法军第 6 集团军，就命令德军第 1 集团军的第 3 和第 9 军去对付法军。本来这两个军是掩护德军第 2 集团军的右翼的，他们要去对付法军了，德军第 1 集团军和第 2 集团军之间就产生了一个 20 英里的大缺口。

按说，克卢克作为一个军事指挥者，不会不知道这个缺口被法军突进后，他将面临全军覆没的危险。克卢克走的是一步险棋，认为能够快速突入这个缺口的英军部队已经撤退。

对于克卢克来说，必须在法军主力支援毛老里的法军第 6 集团军以及英军突入德军第 1 集团军和第 2 集团军之间的缺口之前，将毛老里的法军第 6 集团军消灭。

巴黎出租车建功马恩河

德军的作战能力的确了得，打得法军第 6 集团军快顶不住了，毛老里只得请求巴黎卫戍区司令加利埃尼增援。那时候并没有全机械化部队，要在巴黎迅速驰援毛老里，谈何容易。

反映马恩河战役的油画

　　加利埃尼不愧是一名精干的法军名将,毛老里这一要求启发了加利埃尼,他组织了一战史上第一支摩托化纵队,即马恩出租汽车队。加利埃尼令巴黎警察征集了大约 600 辆出租汽车,将 1 个师的兵力输送到战场,使毛老里最终没被克卢克打垮。

　　9 月 6 日凌晨,法军按照计划对德军发起全线反攻。毛老里的法军第 6 集团军继续与德军第 1 集团军在奥尔奎河上激战;法军第 5 集团军不再逃跑,掉转头进攻德军第 1 集团军,并与比罗的德军第 2 集团军的右翼部队交战;法军第 4 集团军和第 9 集团军则截住增援的德军第 3 集团军和第 4 集团军。这样一来,德军第 1、第 2 集团军就在法国境内陷入孤立。

　　9 月 8 日,英军统帅弗伦奇看到了德军第 1 集团军和第 2 集团军之间的缺口,率领英军的 3 个军秘密进入德军第 1 集团军和第 2 集团军之间的缺口,德国第 1 集团军与第 2 集团军就这样被隔开,德军两个集团军面临着被分割包围的危险。

　　9 月 9 日,比罗为了保存实力,带领第 2 集团军撤退。而一直高歌猛进的克卢克的第 1 集团军,虽如愿以偿地击败毛老里,但他的那着险棋却成了臭棋,他陷入了更加孤立的境地,不得不向后撤退。

　　9 月 11 日,德军所有的集团军全部后撤完毕。至此,马恩河会战结束。

坦能堡会战，俄国的噩梦

在东线战场，德意志帝国、奥匈帝国、土耳其帝国同俄罗斯帝国开战。1914 年 8 月 17 日，坦能堡会战开始，此战役结束于 9 月 2 日，最终的结果是德军以压倒性优势战胜俄军。从军事角度而言，坦能堡战役在战略上采取了以内线作战攻其一路的打法，在战术上采取了击溃两翼再合围中央主力的打法。

施利芬计划

一战前，德军的战略环境并不妙。普法战争中，法国战败丧失了阿尔萨斯和洛林省，因此法国总想对德国展开复仇行动。而俄国作为欧洲领土面积最大的国家，拥有庞大的人力资源和广袤的领土，从不惧怕德国。俄法两国的工业实力在世界范围内也都相当可观。此时德国就夹在两个强国之间，而且不具备同时应战并击败两方对手的能力。

冯·施利芬伯爵

德军总参谋部基于这种战略环境，早在战争爆发前的 1891 年，就由当时德军参谋总长阿尔弗莱德·冯·施利芬伯爵制定了和两个方向上的对手——法国和俄国——进行战争的方案，史称施利芬计划。

施利芬伯爵在 1891 年、1892 年、1894 年和 1905 年分别提出的 4 份备忘录中，十分详细地制订了史利芬计划。此时德军的兵力部署是，主力 79 个师集中在西线，而在东线仅保留 10 个师和部分地方守备部队，两者之间的比例为 8：1。施利芬计划在大战爆发后，德国东线守备部队将协同奥匈帝国部队采取守势，将俄军阻挡在东普鲁士国境线一带；与此同时，德军主力将对法国采取猛烈攻势，在 6 周内彻底击溃法国。之后，德军主力将利用德国境内发达的铁路系统移往东线，再对俄国发起攻势。

施利芬伯爵对俄军的动员机制和其境内铁路网进行研究后，推断俄军 今日马祖里湖区
需要至少 6 周到 8 周时间才能完成兵力动员，而 6 周到 8 周时间也成为了
该计划的时间标准。

施利芬的战略构想，师承于普鲁士传统军事思维，即集中兵力、主动
出击、在一次大规模会战中击败敌人，在最短时间内结束战争。施利芬伯
爵判定，德国在欧洲最强的敌人是法国，德军必须首先集中所有部队摧毁
法国，为此有必要在非主要战线的东线上冒次风险。施利芬伯爵甚至说：
"整个德军都应部署在西线，不留一点兵力对付俄国。"

战前局势

正因为如此，德军在东线上部署的兵力很薄弱，只部署了第 8 集团军
和部分地方军，再加上各个要塞的守备队，总计大约 21 万人。

根据施利芬计划，开战时德军在东线采取完全的守势，以东普鲁士边
界地区为主要防区，并配合奥匈帝国军队防御俄军的进攻。施利芬曾经以
东普鲁士爆发战争为背景，举行过多次兵棋推演和军事演习。所以，德军对
该地区可以说是了如指掌。另外，德军还可以利用境内发达的铁路网络，及
时从其他地区调来援军，以巩固东普鲁士防线。

德国从前为了防守东普鲁士，战前就在此地建设了大量防御工事，修建
在维斯瓦河上游地区和柯尼斯堡周边地区的堡垒尤其坚固，正好用来阻挡
俄军。按照施利芬计划，俄军前进到马祖里湖时，会被分隔成两股，此时德

苏霍姆林诺夫将军
在战场

国的第8集团军以逸待劳,将两股俄军各个击破。德军首先将对其中的一股俄军实施打击,然后再利用东普鲁士高度发达的铁路系统作迂回机动,打击另一股俄军。

然而施利芬的计划未免太过理想化,有些异想天开。首先他大大低估了俄军的动员速度,俄军完成全部总动员,仅仅只用了6天,而绝非如他战前所预料的,需要6个星期。二是他高看了自己指挥官的能力,正如丘吉尔所言,施利芬的计划要求德军的指挥官有着拿破仑、马尔多罗和腓特烈大帝一般的非凡指挥能力,这显然是不现实的。三是施利芬也没有料到,俄国和法国总参谋部早在战前就达成了共识,丘吉尔曾这样记录:"双方相信德国要用其主力对付法国,仅以最少兵力对付俄国,双方同意各自的军队应尽早采取攻势,他们首要目标是摧毁德军。1913年,约瑟夫·霞飞将军发表声明指出,法国在实施动员的第10天将集结150万军队,并于第11天开始作战。俄国的吉林斯基将军宣布,1914年,俄国在实施动员的第13天就能以80万军队进攻德国。"

事实上,到了8月中旬,俄军已经动员了65万人的军队,超过东普鲁士德国守军总数的两倍。德军保罗·冯·兴登堡元帅在其回忆录里不无后怕地写道:"我们对面的俄军总数超过80万人,拥有1700门大炮,相反我们只有约21万人和700门大炮的守备力量。"不过这位元帅统计的只是俄国此时在东线的一线部队总实力,而非进攻德国的所有俄军的实力,因为俄国第1集团军和第2集团军加起来也有40万人,而且俄军此时正集中兵力在加利西亚发起大规模攻势,使奥军遭受了严重的打击。

在战前,俄国重整军备,并获得了法国的财政支持,俄法双方于1911年达成协议,法国仅在1913年就向俄国提供折合约1.04亿英镑的贷款,使得俄国有能力获得更多的军用物资,并修建完成了通往其西部地区的战略铁路计划。

　　苏霍姆利诺夫将军从1909年起任俄国陆军大臣。他用了5年的工夫，致力于改善俄国的陆军。据他自述，他给自己确定了四大目标：第一，缩短长达三个星期的动员过程，消除德军动员速度超过俄军的差距；第二，实现军队的科技进步；第三，重振与日军战役失败后俄军的士气；第四，改进战时陆军的军需和增援的组织。他使征兵成为真正防卫本土的事业。他裁减了过多的要塞驻军，用裁下的军队组建了重炮连、气球兵和无线电通信机构；此外，他还组建了额外的6个师。他成倍地增加俄军配备的机关枪的数量，俄军一年一度的征兵额增加了25万人，也增加了军官人数，他还改善了俄军士兵的食物和服装的供给。

　　1914年7月30日中午，沙皇签署了总动员令，动员了大批军队。在俄国西部地区，俄军布署了30个军，总计有96个步兵师和37个骑兵师，总数大约270万人，另外还有90万特种后备军和要塞部队。到动员的第13天，原来驻扎在亚洲地区的军队加入战斗序列，因而俄军增加到了1830个营、1250个骑兵中队和6720门大炮，总计大约500万人，其中约有2／3为战斗人员。

　　相较于德军作战计划的守势态度，俄军的作战计划则是咄咄逼人的进攻。据丘吉尔记录，战前俄国人制定了两个可供选择的对德国和奥匈帝国的作战方案：G方案，即"德国"方案，它设想德军集中力量对俄作战。A方案，即"奥地利方案"，预期德国在东线对俄国取守势。在这两种情况下，俄国野战军将分为由第1和第2集团军组成的西北方面军和由第3、第5和第8集团军组成的西南方面军。第4集团军在实施G方案时加入西北方面军，实施A方案时加入西南方面军。第6和第7集团军保护侧翼和从波罗的海和芬兰延伸到罗马尼亚和黑海的这条战线。在这

坦能堡会战中的俄军士兵

29

两种选择中，俄属波兰维斯瓦河以西地区准备在战争爆发时用于疏散人口，以确保军队从容不迫地集结。西北方面军沿东普鲁士边界集结，西南方面军沿奥地利加里西亚边界集结。

俄军"奥地利方案"及提前动员

针对以上两种方案，当时任英国第一海军大臣的丘吉尔曾指出：这些基本安排在两个方案中都是一样的，如果德国开始时就在东线以主力采取攻势，则俄军两个方面军都朝在普里佩特沼泽后面的南北延伸穿过布列斯特—立陶夫斯克的一条线撤退，放弃整个波兰、华沙、维斯图拉河和纳雷夫河的全部堡垒群，以避免在狭窄的俄属波兰地区遭到德军的围歼。如果有必要，将再次使用 1812 年莫斯科战役的战略：俄国战线将进一步后撤，不惜一切代价赢得时间，等待三四周或更长时间，等待亚洲方面的军队，即 5.5 个西伯利亚军和 2 个突厥斯坦军的到来，使整个俄罗斯帝国兵力和资源完全集结，然后再努力进行决定性的反击。

如果德国在东线取守势，那么俄国两个方面军都将立即发起进攻，西北方面军攻入东普鲁士，西南方面军攻入加里西亚，征服这两个堡垒，并为这两个方面军在华沙以东重新集合和向德国中心联合进军作好准备。

当俄军总司令部了解到，位于德国东部的德军部队已于 8 月 6 日开往西线，德国在东线采取了保守态势，俄军立即开始执行其"奥地利方案"。

但俄军的方案根据法国盟友的强烈要求，作出了变更。战争初期，德国在西线取得了一系列胜利，受到严重打击的法国急切要求俄国军队迅速往德国境内发起攻击，以减轻法军面临的压力。事实上，法国特使在战争爆发仅仅两天后，就向俄国提出了进攻东普鲁士的要求。俄军总司令尼古拉大公向特使表示，即使军队的集结没有完成，他还是会以最快速度打击德国人的军队。为此，大公下令在 8 月 7 日与 10 日之间在伊万哥罗德和华沙再组成第 9、第 10 两个集团军，攻击德国托伦、波森和布雷斯劳的边境地区。

此外，为了加快这些集团军的组建和进攻，俄军总司令部决定跳过准备阶段，设计一种"提前动员"的形式，以牺牲成效为代价来赢得宝贵的八九天时间。但是，此次动员使得军队在尚未得到足够补给和完成各项必

东普鲁士农妇给东
线战场的德国士兵
分发食物

要准备时，就必须立刻开赴战场作战，为之后的战争留下巨大隐患。

俄国吉林斯基将军在战争爆发初期就担任俄国西北方面军的司令一职。和他手下的保罗·冯·连内肯普将军与亚历山大·萨姆索诺夫将军一样，吉林斯基在俄军中也享有很高威望。8月17日，吉林斯基命令连内肯普的第1集团军向涅曼河一线前进，两天以后又命令萨姆索诺夫的第2集团军向纳雷夫河一线前进。俄军的计划是从正面压迫东普鲁士的德军，并从波兰沿维斯瓦河一线突击，切断德军第8集团军与本土的联系，然后歼灭之。

德军施利芬计划的主旨就是采取守势，以第8集团军为主力防御东普鲁士地区，直到德军西线主力部队抵达东线后才转入对俄军的进攻。而俄军计划则是以第1集团军由维尔纳自东向西侵入东普鲁士，同时第2集团军从华沙出发，北进阻止沿维斯瓦河撤退的德军，配合第1集团军在东普鲁士围歼德军第8集团军。

双方指挥官差距太大

法俄联盟早在1892年就形成了，从那时起到1913年双方最后一次会议的召开，两国的总参谋部起草、交换和修改了一系列计划。法国人煞费苦心地想使眼睛紧紧盯着奥匈边境的俄国人相信，他们的主要敌人是德国人，打败了它，就一切迎刃而解了。法国首先在西线打败德国人是非常重要的，而要做到这一点，俄国人应该对德国构成足够的威胁，以便把德国军队牵制在东部边界上。

俄国确实做到了这一点,但也给自己带来了灾难性的后果。俄国人首先遇到的问题就是发布动员令后部队的组建问题。

他们发现,要在动员后的 15 天之内就把部队集结起来是根本不可能的,因为他们的交通条件很差,而且部队最近刚刚经过整编,互相之间不熟悉。法军在动员后的第 11 天才能够出发,而德国人要快些。这样,对西线的法军来说,他们的动员时间与德军的动员时间存在着危险的差距。为了援助他们的盟国法国,俄国人在动员后制订的计划中,同意法国的要求,用 2 个集团军在东普鲁士对德军发动进攻。俄国人还同意组成 1 个新的集团军,该集团军将在适当的时候调到第 2 集团军的左侧,以便向柏林挺进。

这两个俄军集团军组成的西北方面军,由日林斯基将军指挥,司令部设在比洛斯托克。第 1 集团军由伦南坎普夫将军指挥,将在马祖里湖以北向前推进,迂回到敌人的左侧;第 2 集团军由萨姆索诺夫将军指挥,将在马祖里湖以南向前推进,切断并消灭马祖里湖与维斯瓦河之间的德国军队。

战役开始时,俄国第 1 集团军由 3 个军(第 3、4 和 20 军)组成,并得到 5 个骑兵师和第 5 步兵旅的支援。第 2 集团军由 6 个军(第 1、2、6、13、15 和 23 军,前 2 个军后来调到第 1 集团军)组成,并得到 3 个骑兵师和第 1 步兵旅的支援。这 2 个集团军的兵力分别是 20 万人和 25 万人,他们在数量上已大大超过了与他们对峙的德国第 8 集团军。但是,俄军在战前完全缺乏作战准备。

除人数外,德国军队在各方面都要强于俄国军队。德军由冯·普里特维

东线战场上的德国士兵和大炮

32

俄军士兵奔赴前线

茨将军指挥,下辖 4 个军(第 11、17 和 20 军以及 1 个预备军)以及各种守备部队和第 1 骑兵师。艾恩赛德将军估计,他们与俄军的兵力对比是:步兵为 1∶1.7,骑兵为 1∶2.7,处于劣势。

这种数量上的劣势,因德军出色的组织、管理和领导而得到充分的弥补。

德国第 8 集团军有四位杰出的高级军官,参谋长鲁登道夫刚毅自信,聪明能干,精力充沛;军需部长冯·格吕纳特将军十分称职;军长弗朗索瓦将军是位富有冒险精神的天才,在这次战役中,他取得了最具决定性的战果;总参谋部的麦克斯·霍夫曼上校既思路活跃,思维深邃,又喜欢享乐,自在逍遥,他也许是他们中间最出色的一位。

与高水平的德国将军相比,俄军指挥官的素质实在很低。俄总参谋长日林斯基虽然指挥过 1 个骑兵师,但他在大部分时间里搞的是参谋工作,因此并没有得到部属的信任。伦南坎普夫和萨姆索诺夫曾因在日俄战争中指挥出色而赢得很高的声誉,但在那次战争中,他们曾互相吵了起来,产生了极坏的影响。此后萨姆索诺夫一直在土耳其斯坦任职,已脱离军界多年,而且身体也不太好。伦南坎普夫对他的参谋人员态度粗暴,这使他成了一位不好共事的指挥官。他的拖拉作风是导致俄军灾难的重要原因之一。

贡宾嫩之战

俄军开始行动了,但不得不说的是,坦能堡战役的战场环境还是十分恶劣的。

坦能堡战役的战场北边是坚固设防的柯尼希斯贝格,对任何进攻部队来说,该地都是一个艰难而代价昂贵的作战地区。该城的防御工事从勃兰登堡延伸到塔皮奥,再向北延伸到莱奥。这条防线的南面是长约 43 英里的因斯特堡山口,因斯特堡—阿伦施泰因铁路就从这里穿过。这里大部分地区地势开阔,只有罗明登森林算是个障碍。从安格堡到边境地区的约翰尼

俄军士兵教德国战俘跳舞

斯堡有一道马祖里湖湖区防线，其中的几个狭窄通路已被德军重兵把守。这条坚不可摧的湖区防线很容易把企图从南北两面同时发动进攻的俄军部队分割开来。由于俄军为防止德军入侵，蓄意使紧邻南部边境的地区变成废墟，这便增加了俄军进攻德军的困难。那片地区大都是些没有人烟的森林和沼泽地，只有几条沙质小径可供部队行军。

日林斯基命令俄军第1集团军于8月17日越过边境，向因斯特堡—安格堡一线进军。伦南坎普夫动用他的大部分骑兵切断德军左翼与柯尼希斯贝格的联系。统帅部命第1集团军在第2集团军之前向前推进，以便吸引德军，然后由第2集团军攻击德军侧翼和后方。因此，萨姆索诺夫决定俄军于8月19日越过边境，他的第一个目标是拉斯腾堡—塞堡一线，离边境大约30英里。

这是个很合理的计划，如能有效地付诸实施的话，它定会使德军完全陷入包围之中。但该计划实施全靠俄军第2集团军不失时机地行动，而事实证明这是不可能的。这个集团军是在补给供应尚不完善的情况下奉命向前推进的。更糟糕的是，俄军缺乏足够的通信、运输和飞机等作战手段，而所有这些手段对于成功进行一次集中作战都是必不可少的。

德军将领普里特维茨正确地判断出，伦南坎普夫率领的俄军将第一个进入战场，因为他的交通条件优于萨姆索诺夫，普里特维茨知道马祖里湖将切断这两个俄军集团之间的联系，因此，他把主力集中在左翼，准备以第1军、第17军和第1预备军，从北向南一字排开，向俄军发动进攻。他把第2后备旅部署在战线的最左侧，并派第20军开到奥特尔斯堡地区保卫德军的右翼。

伦南坎普夫率领的俄军于8月17日越过边界不久，他的第3军就与德军第1军接上了火。那天的战斗是在施塔卢波嫩附近进行的，双方均伤亡惨重，俄军进展甚微。17日至18日夜里，德军向贡宾嫩撤退，俄军以缓慢的速度尾随其后，于19日傍晚也到达贡宾嫩。

指挥德军第 1 军的赫尔曼·冯·弗朗索瓦将军违抗了集团军司令的命令，在施塔卢波嫩向前推进距离过远。普里特维茨曾想把伦南坎普夫率领的俄军进一步引诱到西边，在安格拉普河一线与他交锋，但当时迫于弗朗索瓦的压力，并得知俄军止步不前，他极不情愿地命令集团军的其余部队前进到第 1 军的右翼，并于 20 日发动攻击。

俄国人可能会认为贡宾嫩之战是一次胜利，但这种看法未免言过其实，因为德军虽然是在当天午夜撤退的，但这是一种为了发动更好的进攻而进行的主动撤退。如果伦南坎普夫的俄军骑兵部队参加作战，而不是在俄军右翼休息的话，俄军也许真的会打赢这场战役。

俄军这两个集团军中的俄国骑兵主要是哥萨克人，由于管理不善，他们几乎没有发挥多大作用。在俄军左右两翼的德军几乎取得了完全的胜利，但是在中部，马肯森率领的德国第 17 军发动的进攻遇到了严重挫折，当天下午，该军已被迫后撤了一段距离。然而，只要这些德军能够重新调整部署，他们就会有充分的机会在第二天打败伦南坎普夫率领的俄军。

但是，在 20 日晚，德军将领普里特维茨以及他的参谋长冯·瓦尔德泽将军却惊慌失措起来，他们认为 17 军的失败导致的后果很严重。他们还得

德国炮兵在行军

到消息说，萨姆索诺夫率俄军已进一步向西推进，将于第二天越过边境，对德军右翼构成严重威胁。因此，普里特维茨命令他的集团军脱离战斗，退到维斯瓦河背后。他不理睬格吕纳特和霍夫曼的反对意见，把他的决定用电话通知给上司毛奇。毛奇听了电话后大为震惊，竭力反对普里特维茨撤退声称要解除他和他的参谋长的职务。

　　与此同时，因为部下们不断敦促采取行动，普里特维茨和瓦尔德泽放弃撤退命令，重新鼓起了勇气，尽管他们坚持中止在伦南坎普夫正面的作战，但还是同意了由霍夫曼提出的进攻俄国第2集团军的计划。

　　霍夫曼提出的计划充满风险，它能否成功主要取决于伦南坎普夫的行动是否迟缓。霍夫曼觉得伦南坎普夫统帅的部队已受到严重挫伤，不可能立即恢复进攻；他还认为，萨姆索诺夫构成的威胁最为严重。因此，该计划将大批德军转移到南面和西面：第20军调到霍恩施泰因地区，第1军调到第20军南面的右翼，第3预备师、翁格尔的守备部队以及第70后备旅也移到第20军以南的地区。因此，那里几乎集中了德军的3个军，准备投入到即将到来的战斗。德军第17军和第1预备军都将开赴西线，他们的任务取决于俄军将领伦南坎普夫将采取什么样的行动。

东线战场上的士兵

结果，伦南坎普夫没有采取任何实际行动，他让德军从他的正面脱身，让德军在距离前线仅25英里的区域乘上火车完成了大规模的调动。

毛奇换将

毛奇决定将普里特维茨和瓦尔德泽解职，任命保罗·冯·兴登堡将军和埃里希·鲁登道夫将军分别任东线德军总司令和参谋长。兴登堡67岁，退休已有3年，但他是这个职位的最佳人选，因为他刚强沉着，给人以信心和勇气，而且他最能使他的参谋长发挥出智慧过人和思路敏捷的优势。

鲁登道夫甚至未与兴登堡见面就被允许可以向德军发布命令了。他绕过集团军司令部径直向各军下达命令。由于他下令让各军独立掌握部队的行动，结果第17军和第1预备军的司令，给自己的部队放了一天假。此时，时间是最重要的因素，尽管这两个军的行动取决于伦南坎普夫率领的俄军的动向，但德军有必要尽量远离俄国第1集团军，以便向南推进。由于耽搁了宝贵的一天，德军不得不以强行军来弥补时间上的损失。

德军在一名被打死的俄国军官的笔记本里发现了一份文件，文件上记载着俄军发动集中攻势的详细计划。这份情报使德军司令部对伦南坎普夫率领的俄军的的动向感到迷惑不解。直到25日，根据一份被截获的无线电报，德军司令部才清楚地得知伦南坎普夫率领的俄军的的行动非常缓慢，因此鲁登道夫决定在其正面阵地只摆上1个骑兵师就够了。

萨姆索诺夫的误判

俄军萨姆索诺夫的第2集团军最终于8月21日和22日拖拖沓沓地越过边境，这大大落后于预定时间。在日林斯基的严令之下，他的部队未等动员完毕就出发了。由于运输设施不完备，供给体系不完善，士兵缺少食品，而且要在拥挤的沙质小径上行军，部队的情况非常糟糕。萨姆索诺夫似乎对敌人的去向一无所知。该集团军内部各单位之间几乎没有什么配合，两个集团军之间就更谈不上配合了。萨姆索诺夫本应把部队的位置向很少到前沿的日林斯基汇报清楚，但他却没有这样做。

萨姆索诺夫的部队在大约60英里宽的正面阵地上缓慢地向前推进，此时萨姆索诺夫已改变了日林斯基发来的命令，把部队向左延伸过远，以致只有第6军仍在按原计划向塞堡－拉斯滕堡一线推进。由于过分向左延伸，他在自己的集团军内部制造了一些大的缺口，而且他同伦南坎普夫集团军

东线战场上，受伤的德国骑兵

38

之间的距离也拉得很远。

在俄罗斯作战的德国兵们站在积雪的战壕里

8 月 23 日，俄军第 6 军到达了奥特尔斯堡，第 13 军到达耶德瓦布诺，第 15 军靠近弗兰克瑙，第 23 军第 2 师到达索尔道东北部，第 23 军的其余部分则返回姆瓦瓦。与此同时，第 1 集团军已向佩莱宁肯—达凯明一线谨慎推进。第 2 集团军的首次重要战斗始于 8 月 23 日晚，第 2 集团军第 15 军的先头部队与德第 20 军在奥尔劳—米哈尔肯一线接触后，没有进行侦察，就匆忙与德军在开阔地展开了战斗，结果使整团整团的部队倒在德军的机枪火力之下。第二天，经过异常激烈的战斗，俄军才取得了部分进展。

25 日，俄军第 13 军前来支援，对德军左翼构成威胁，德军后备部队打了一场令人佩服的阻击战后撤退了。艾恩赛德将军却说，在这次战斗中，俄军以损失极小兵力的代价将德军打败。

在完全缺乏情报的情况下，俄军最高指挥官的无能再一次充分暴露出来。经过这场战斗，萨姆索诺夫认为德军正在向他们的左翼后撤，为了便于追击，他请求日林斯基允许他再次把俄军前进方向转向阿伦施泰因—奥斯特罗德一线。日林斯基怀疑萨姆索诺夫是否确实完全了解情况，犹豫一阵了后还是同意了，但要求萨姆索诺夫派 1 个军和 1 个骑兵师掩护俄军在湖区与阿伦施泰因之间的最右翼。日林斯基提出这一附加要求根本没有什么道理，因为这一命令意味着把一个军和一个骑兵师抽调到距离主力部队大约 30 英里以外的地方，使德军可以将他们各个歼灭。到 8 月 26 日，俄军第 2 集团军的防线从森斯堡一直延伸到杰隆，其间第 13 军位于库尔肯附近，第 23 军在斯科陶，第 15 军在弗兰克瑙，第 1 军在乌斯道。第 23 军的 1 个师、2 个骑兵师和 1 个步兵旅归第 1 军指挥，保卫该集团军的左翼。这样一来，俄军就散布在长达 75 英里的战线上，各部队之间的联络几乎不存在。

俄军节节败退

与此同时，德军的集结正按计划顺利进行，差不多快完成了。

8 月 24 日，鲁登道夫命令德第 17 军和第 1 预备军挥戈南进，以攻击俄军第 2 集团军的右翼。这是一次经过慎重考虑的冒险行动，因为俄军伦南坎普夫部对德军仍是一个严重威胁。德军歼灭萨姆索诺夫集团军的计划构思简单，但实施的过程却很复杂，因为战场上有许多天然屏障，各军无法协同作战，必须各自为战。简言之，鲁登道夫计划诱使俄军萨姆索诺夫部进攻力量稍微薄弱的德军中央战线上的兵力（第 20 军的一半兵力），同时，以德军第 1 军和第 20 军的另外一半猛攻俄军右翼，以德军第 17 军和第 1 预备军猛攻俄军左翼或北侧。一旦俄军两翼被清除，德军将以庞大的钳形攻势包围俄军中央。

由于德军倔强的弗朗索瓦将军强烈反对鲁登道夫发出的正面进攻乌斯道的命令，这些精心安排的计划在执行中出现了一次小小的波折。

当时弗朗索瓦的炮兵部队尚未全部到位，因而他极力主张采用间接进攻的办法。然而，鲁登道夫驳回了他的意见。在这场关键的 5 天战斗的第一天，德军战线北侧和中央的战斗极为激烈。

俄军将领萨姆索诺夫仍然不知道敌人的行动与企图，他继续向奥斯特罗德—阿伦施泰因一线挺进。他根本不知道在 25 日晚上，德军截获了一份情报，对他的战略意图了如指掌。在图劳，俄军第 23 军的第 2 师赶走了德军，取得了初步战绩，但在遭到反击后，该师伤亡惨重，节节败退，差不多退到了奈登堡；第 15 军打得不错，到晚上，他们守住了格里斯利嫩—米伦一线；第 13 军几乎没打什么仗，因为电话线被切断，无线电台受干扰，他们得不到明确的命令，因而浪费了一天的时间来回行军。

俄将萨姆索诺夫的灾难出现在北部，他的第 6 军在那里彻底败北，在第一天结束时，第 6 军就因失败退出战斗。该军十分孤立，一旦鲁登道夫利用截获的情报, 集中起德军第 17 军和第 1 预备军来对付它, 俄军第 6 军就会更惨, 即使德军经过长时间的强行军疲惫不堪, 但德军占据了数量上的优势, 俄军第 6 军还是会败得很惨。这次战败, 应归因于俄军缺乏情报以及对情报错误的理解。俄军第 6 军军长发出命令后又收回成命, 结果使得 2 个师在达代湖周围同德军的侧翼可怕地缠在一起, 他们向比绍夫斯堡的有秩序的撤退变成了向奥特尔斯堡的溃逃。而溃退时, 俄军的队伍有时前后竟拉开了 20 英里之远。

最关键的时刻

8 月 27 日和 28 日, 德军与俄军的第 1 军在乌斯道周围交战, 这是这场战役的最关键战斗。从清晨时分起, 双方的炮兵就开始了对攻, 结果德军的炮火压住了俄军的炮火。到傍晚时分, 德国步兵猛攻乌斯道, 他们几乎未遇到什么抵抗, 因为那些在炮火中幸存下来的俄国士兵已没有斗志作战了。到第二天上午 11 时, 俄第 1 军被击溃, 通往奈登堡的道路已畅通无阻。然而, 俄第 23 军的第 1 步兵旅从索尔道南部意外地发动了反攻, 并在海因里希斯多夫地区取得初步的胜利。为此, 弗朗索瓦不得不停止向奈登堡进军的计划, 转过头来对付俄第 23 军。

一战中的俄国军队

到 27 日夜里，俄国第 1 军剩下的兵力，大约 5 个团，外加 5 个炮兵连，他们占领了索尔道以北的阵地。28 日清晨，弗朗索瓦发布了一系列命令，要把这些俄军赶到南面去并使其退出战斗，但是俄军没等德军采取行动就撤退了。这时俄军左翼已暴露，部队中央很容易被德军合围。然而对德军第 20 军来说，自己中部的情况并不太好，鲁登道夫害怕德军防线被突围，竟一时慌了神，命令弗朗索瓦全军向北挺进，去拉纳支援中部的战斗。但是弗朗索瓦意识到断敌退路的极端重要性，他没听鲁登道夫的命令，继续按原定路线行军。到第二天，他的军队已经切断了俄军南逃的路线。

8 月 27 日，中部战线的战斗仍然很激烈，双方伤亡惨重，俄军第 15 军冲入了德国第 20 军的阵地——这促使鲁登道夫向弗朗索瓦下达了增援的命令。但是到了晚上，俄第 15 军已被牵制在海登米尔－瓦尔斯多夫—米伦一线。接着，在俄第 15 军左边作战的俄第 23 军第 2 师被迫撤回，第 15 军的左翼暴露了。

第二天，鲁登道夫命令德第 17 军和第 1 预备军停止追击被打败的俄第 6 军，而转向西南，进攻位于中央俄军右翼的俄第 13 军。该军军长克留耶夫将军正从阿伦施泰因出发，向霍恩施泰因行军，去支援俄第 15 军。整整一天，俄第 13 军受到来自北部和东北部德军的攻击，到黄昏时，俄第 13 军还没有拿下霍恩施泰因，也无法同第 15 军取得联系。

俄军的第2集团军已处在崩溃的边缘。总的来说，该集团军的士兵在近乎断粮的恶劣条件下表现得非常英勇，而此时，他们再也挺不住了。一贯糟糕的通信联络实际上已经中断，各军指挥官之间失去了联系，每个军都对自己正面和两翼的情况一无所知。

萨姆索诺夫曾前往俄第15军军长马尔托斯将军那里与之探讨形势，马尔托斯是俄军中唯一真正出色的高级指挥官。马尔托斯极力主张赶紧撤退，但萨姆索诺夫不同意，因为他觉得，如果能占领奈登堡，战局还是可以稳固的。但这是个完全不切合实际的想法。

8月29日和30日，德国3个军向俄军中央发动了强大攻势，毫不留情地把他们赶到德弗朗索瓦部队布好的口袋阵里。至此，弗朗索瓦的德军已封锁了俄军沿奈登堡—维伦贝格一线撤退的道路。

萨姆索诺夫终于明白了，他的俄第2集团军正处于惊人的灾难之中，因此他在最后一道命令中指示第13、第15和第23军夺路返回霍热莱和亚诺夫。他派马尔托斯侦察奈登堡周围的阵地，并派克留耶夫将军统一指挥这3个军。第15军和第23军进行了一系列艰苦的后卫战斗，试图突破米沙肯和维伦贝格之间的警戒线，但是，德军用机枪封锁了森林的所有通道。8月31日，这些精疲力竭、饥肠辘辘的俄军士兵中的大部分都在雷特科文附近投降了。

俄第13军行军路线最长，经历的战斗也最艰苦。他们在人马没有任何粮草可用，疲劳程度超出人们想象的情况下，花了40个小时在沙质小路上行走了42英里，直到精疲力竭之后，3个纵队中的2个纵队来到了乌斯赞内克。他们在这里挖壕固守，在8月30日至31日的一整夜里进行了一场惊心动魄的战斗。由于寡不敌众，他们终于在8月31日也投降了。

俄军的右路纵队要走运多了，因为在30日，俄国第1军的残部从硝烟中爬起来对奈登堡进行了最后一次冲击。虽然他们占领该城的时间很短，并且不久就被弗朗索瓦派来的保卫森林通道的德军部队赶走了，但由于反攻引起的混乱，俄第13军右路纵队的几千名俄军得以越过边界，化险为夷。他们和在维伦贝格附近突围的俄第15军和第23军的两支领导有方、意志坚强的部队会师，这差不多是从德军包围圈中突围出来的仅存的俄军中央部队。

这样，俄国第 2 集团军在越过东普鲁士边界不到 10 天的时间内就被歼灭，它那倒霉的司令官萨姆索诺夫知道自己已被打败，将会名誉扫地，于是乎悄悄地溜到密林深处开枪自杀。俄军的伤亡确实非常惨重，德军声称他们抓了 9.2 万俘虏，打死了 7 万俄国士兵，缴获和破坏了俄军的所有大炮和运输工具，而他们自己仅伤亡了 1.5 万人。

俄将伦南坎普夫并没有努力支援被打败的萨姆索诺夫率领的俄军，而是带着他的部队依然在韦劳—盖尔道恩—安格堡一线缓慢地、无精打采地行动。他的末日也即将到来。在后来的马祖里湖战役中，他被赶出了东普鲁士，并损失了大约 6 万名士兵和 150 门大炮。

坦能堡战役的后果是十分严重的。协约国曾对俄国这台"蒸汽压路机"寄托了极大的希望，但俄军第 2 集团军的迅速崩溃给协约国造成了极大的震撼，它确定无疑地告诉人们，这场大战将是一场持久的、损失惨重的战争。

伟大的会战

坦能堡战役是一次由高级指挥官的性格和个人表现决定胜负的战役。德军方面，毛奇撤换冯·普里特维茨的决策是十分英明的，因为后者失去了战争的主动权，失去了参谋人员的信任和争取胜利的决心，在这种情况下，整个部队的士气要不了多久就会一蹶不振。年长的兴登堡与年轻的鲁登道夫搭档，真是珠联璧合，令人鼓舞，前者发挥威信，后者表现职业特性。不仅如此，鲁登道夫、他的参谋军官霍夫曼以及他的第 1 军军长冯·弗朗索瓦，都是勇于承担风险的人物。

俄军将领们的表现则相形见绌。俄方面军司令日林斯基既不能激发人们的信心，也很少出现在前线，两位集团军司令也不愿互相配合；总之，他们年事已高，已不胜任大战的指挥。诚然，由于体制落后，他们的后勤供应严重不足，但这并不能改变他们将领能力低下的事实，他们在战略战术的应用上远远赶不上德军将领。

从军事角度而言，坦能堡战役中，德军在战略上以内线作战攻其一路的战术，战术上采取击溃两翼再合围中央主力的战术，堪称一绝。20 世纪最杰出的军事思想家富勒只用了一句话来评价这场会战："就这样，这场伟大的会战结束了。"

加利西亚战役，俄军获胜

　　1914年8月18日，俄军在东线战场发动加里西亚会战，德国被迫从西线调大量兵力转到东线战场，这从客观上缓和了西线英法军队的所处困境。加利西亚战役还有力地援助了塞尔维亚军队，使德意志同盟的战略能力削弱，由此，他们打算迅速结束战争的愿望也就此落空。

先从康拉德说起

　　弗兰茨·康拉德是奥匈帝国的陆军元帅，一战爆发时任奥匈帝国军队总参谋长。他是一位杰出的战略家，有着军人的铮铮铁骨，身材结实魁梧，灰白的头发被修剪成矮树丛状，胡须在嘴角处向上翘起，看上去令人生畏。

　　康拉德出生于维也纳郊区一个世袭贵族家庭，从11岁起就接受军事训练，青年时代就在军中青云直上。1906年，他54岁的时候，在皇储斐迪南大公的推荐下出任奥匈帝国总参谋长。

　　奥德战争之后，奥匈帝国就已成为一个处在衰败之中的二流帝国，但奥匈帝国不甘心衰落，拼命想维持自己在欧洲各强国之间的传统大国地位。尽管奥匈帝国在弗兰茨·约瑟夫一世的统治下有些起色，可它仍然是个多民族的松散的集合体，而且还是个二元制的国家，有奥地利和匈牙利两套政府机构，这就使它应付战争的能力大大受到影响。在萨拉热窝刺杀事件发生前的半个世纪里，奥匈帝国丧失了领导德意志诸邦国的地位，接着又丧失了包括托斯卡纳、伦巴第在内的大片领土，掠夺者是新成立的意大

印有弗兰茨·康拉德头像的纪念章

45

利王国，此时的意大利国力并不强，主要是因为它有法国的帮助。

康拉德是一个坚定不移的民族主义分子，狂热地推行军队现代化运动，他认为日耳曼文明与斯拉夫文明之战不可避免，他反对匈牙利贵族在帝国中的特殊地位，认为这会削弱帝国的根基，他最大的愿望就是对塞尔维亚王国发动预防性战争。塞尔维亚是巴尔干地区的一个小国，但在俄国的支持下，总是不断地给奥匈帝国制造麻烦，康拉德在出任奥匈帝国总参谋长到一战爆发这 8 年间，提出了不少于 25 套对塞尔维亚的作战方案。他不断地草拟和颁布新的命令及作战计划，因为他发现奥匈帝国软弱的军队已无法维持帝国在欧洲大国间的地位。他坚信能拯救帝国的唯一办法就是在巴尔干问题上坚持己见，其中最重要的是阻止塞尔维亚人无休止的颠覆活动。他不断地向奥匈帝国皇帝弗兰茨·约瑟夫请求进攻塞尔维亚，这使得无心与塞尔维亚开战的约瑟夫皇帝很讨厌他。

对于未来可能发生的战争，康拉德设计了两套作战方案：如果俄国保持中立，他就把主要兵力投向塞尔维亚，打败塞尔维亚；如果俄国卷入战争，他就把军队集中到加利西亚战线上与俄国决战。意大利王国曾是奥匈帝国的官方盟友，却从奥匈帝国攫取了不少领土还觉得不满足。康拉德因此多次建议进攻新建立的意大利王国。可康拉德总是愿望破灭，还由于过于好战而被斐迪南大公免去了总参谋长的职务，直到一战爆发后才官复原职。

俄军进攻加利西亚

时间转到 1914 年，康德拉时任奥匈帝国军队的总参谋长，他正踌躇满志，准备进攻塞尔维亚，并为此准备了大量计划。

不得不提一下奥匈帝国的战争动员计划，按照这个计划奥匈帝国将 20 个师大约 30 万人部署在离贝尔格莱德不太远的地方。奥俄边境的加利西亚以北地区只剩下 18 个师的兵力。这表明康拉德内心里有一个盲目的信念，他相信俄国将置身事外，因而他可以给予塞尔维亚一次沉重的打击。当德军总参谋长小毛奇将军听说康拉德为了追求自己入侵塞尔维亚的梦想而向南线派遣大量多余的军队时，感到一阵恐慌，因为以当时的局势看，如果俄国加入战争,靠近俄国边境的加利西亚奥军兵力将严重不足,小毛奇发了一份电报给康拉德,要求他把主要兵力转移到北线与俄军对垒。

小毛奇将军担心的情况出现了。1914 年 8 月中旬,正当德军大举进攻法国之际,俄国大本营应协约国的要求,在发动东普鲁士战役的同时,发动了加利西亚战役,其目的是从战略上配合英法军队的行动,另外,俄国本身也企图夺取加利西亚。

要详细了解加利西亚战役的具体过程,要先了解加利西亚地区。加利

今日加利西亚平原

西亚是哈布斯堡皇室一个易受袭击的省份,它富饶的土地被喀尔巴阡山脉同奥匈帝国的其余地方隔离开来,加利西亚战役开始前,奥匈帝国对俄的作战计划是把部队集结在桑河和德涅斯特河后面以及喀尔巴阡山脉前面的加利西亚平原,在这里集结军队对于直接攻入俄国领土的计划的实施十分便利,万一失败的话,奥军可通过普热梅希尔进入波希米亚,或者通过波兰与西喀尔巴阡山脉之间被称为"摩拉维亚之门"的狭窄走廊进入德国西里西亚。

俄军西南方面军总司令伊万诺夫将军受命围歼奥匈军队在加利西亚的基本兵力。在战役展开前，俄国西南方面军兵力为 60 多万，但有些师、团尚还在开往集结地的途中，故而这个方面军的总人数未超过 45 万人。俄国这两个方面军之间约有 200 公里的空隙，将由后来组建的第 9 集团军加以充实。西南方面军发动加利西亚战役的总目标是在德涅斯特河东岸围歼奥匈部队主力，阻止奥军撤向德涅斯特河西岸。由于伊万诺夫误判奥匈军主力会在利沃夫地区集结，故计划以该地区为主攻方向，命第 3、第 4、第 5、第 8 集团军形成大包围态势，歼灭奥匈军主力。

在巴尔干方面，奥匈帝国总参谋长康拉德手里可供使用的兵力共 8 个集团军，他准备用第 5 集团军和第 6 集团军进攻塞尔维亚，占领其首都贝尔格莱德。把第 1、第 2、第 3、第 4 集团军部署在加利西亚方面，以对抗俄国的西南方面军，并准备在东普鲁士德军的协助下，攻占华沙。在制订对俄作战方案时，如果康拉德要他的部队掘壕固守，俄军的冲击是闯不过这些障碍的，但他误信人言，认为俄国尚未充分动员兵力，可以先发制人，他计划从加利西亚发动迅速攻势，一举攻占华沙和布列斯特—立托夫斯克之间的铁路线。他深信，他的军队抵达布格河时，德军一定会采取行动，与之配合作战。小毛奇曾对康拉德说过："奥军在进攻俄国的战斗中，绝对可以依靠在东线集结的整个德军的战术支持，向俄国进军越早，延续的时间越长，德

加利西亚战役中的
俄军

奥联合取得的胜利就越大。"

由于英法联军请求加速进攻，俄国各集团军尚未全部集结完毕，即于8月18日至23日期间先后发起进攻，奥匈军队指挥部计划以第1、第4集团军的兵力，在库默尔将军的集团军级集群和沃伊尔施将军的德国后备军的支援下，向卢布林、海乌姆实施主要突击，粉碎俄西南方面军的右翼。康拉德指望小毛奇在战前会谈中许下的诺言，即在他北进的同时，德国将派大军从东普鲁士向南方和东南方的华沙和布列斯特—立陶夫斯克之间的地区猛攻，与他的部队两面夹击。但此时德军方面的小毛奇判断有来自两个方面的人数为自己两倍半的俄军进攻东普鲁士，因而既不愿也没有力量去冒这个风险配合奥匈军队作战，他下的命令是："除非俄军采取防守姿态，否则我军不应进入俄国。"但这点他没有告诉他的盟友康拉德。

俄第4集团军和奥匈第1集团军首先遭遇，23日起，双方在克拉希尼克地区展开了两天激战，俄第4集团军退守卢布林以南，在随后的五天中，俄第5集团军遭到奥匈第4集团军攻击，退至海乌姆西南弗拉基米尔—沃伦斯基一线。但向利沃夫进攻的俄第3集团军，在第8集团军的配合下，以30个师的优势兵力挫败奥匈第3集团军的14个师，强渡格尼拉亚利帕河，9月3日占领利沃夫，奥匈军退至戈罗多克地区。此时，作为奥匈帝国军队的指挥官，康拉德直接向东线德军指挥官普里特维茨说话了："总的形势表明，德国东线军队朝锡德莱茨方向发动进攻十分重要，尽速抵达锡德莱茨

49

十分重要，恳请回电告知东线德军司令部我的意图。"普里特维茨回电说："此刻敌人正在从科夫诺、奥科塔及以南一带进攻东普鲁士，德军只有在获胜后才能开始朝锡德莱茨的军事行动。德国东线军队已吸引大量俄军到它那里，我们相信，此举可以为奥匈帝国的攻势扫清道路。"

9月4日，俄军3个集团军全部转入反攻，迫使奥匈军队开始退却，俄第5集团军向拉瓦的进攻，开始威胁到奥匈第4集团军向后的退路，奥匈军队指挥部被迫中断在戈罗多克的交战。9月11日夜间，当康拉德将军被迫发出极不情愿的撤退信号的时候，他们几乎丧失了所有战斗力。6个星期以前在加利西亚投入战场的90万奥匈军队，现在只有一多半渡过了桑河。由于俄军对奥匈军队的追击迟缓和组织不善，致使奥匈军得以摆脱俄军，免遭全歼。21日俄军停止追击，至此俄军控制了加利西亚大片地区，东普鲁士的德军并没有南下接应奥匈军队，奥匈损失40余万人，俄方总计损失约23万人，此役双方都没有实现围歼对方主力的计划，但俄军攻入了战略要地加利西亚。

加里西亚会战的结果是，德国最强大的盟国——奥匈帝国的军事实力受到严重削弱。奥匈帝国军队此后如无德军支援已不能单独作战。德国被迫从西线调大量兵力到俄国战场，这就缓和了西线英法军队的困境。

俄军发动的加里西亚会战，有力地援助了塞尔维亚军队。德意志同盟的战略战役能力被削弱，他们打算迅速结束战争的愿望也就此落空。

加里西亚会战的特点是：战役规模大，大量兵力参与遭遇战，双方部队都一再向对方翼侧和后方实施突击，力图先敌夺取主动权。加里西亚会战是俄军突破敌人坚固筑垒阵地的典范战役。

罗兹战役，俄军未能进入西里西亚

　　在东线战场，罗兹战役是一场重要的战役。1914 年 11 月 29 日，罗兹战役开始，在战役中，德军将一个俄集团军包围在罗兹，然后他们自己又被俄军完全包围了。双方都尽力使己方摆脱被包围歼灭的遭遇，在筋疲力尽的情况下，俄军固守罗兹到 12 月 6 日。经过此战役，俄军伤亡惨重，不得不进入休整阶段，这使俄军进入西里西亚的愿望彻底破灭了。

德军向华沙进攻

　　加利西亚会战后，法国要求俄军开赴维斯瓦河左岸集结，并直接入侵西里西亚。毫无疑问，此举是进入德国心脏的最短途径。

　　俄军在加利西亚会战中，击溃奥匈军队，实际上已具备进袭德国东南部的条件。但是德军对东普鲁士北部设防区的控制仍然表明，北方对俄军有很大威胁，所以俄军对西里西亚采取的军事行动会面临来自北方的致命危险。俄军指挥部在拟订进攻加利西亚作战计划时，开始变更部署，把西北方面军的第 2 集团军从纳雷夫河和涅曼河一线调到华沙一带，而把西南方面军从桑河调往华沙至桑多梅日地段，上述集团军

俄军在战壕里

再加上华沙筑垒地域的部队共有 50 余万人和 2500 门大炮。

　　加利西亚会战中大败的奥匈帝国军队在桑河后面重新集结，他们的军队支离破碎，组织涣散，士气低落，一片令人悲哀的凄惨景象。德军总参谋长法金汉面对的不只是奥匈帝国的求援申请，而且还有奥匈军队总参谋长康拉德的严厉指责，因为他保证的德军支援未能及时到达，所以导致奥军状况凄惨。幸好这时坦能堡大战结束，使法金汉得以从兴登堡的德军第 8 集团军抽调出 4 个军组建了新编的第 9 集团军支援奥匈军队。德军统帅部计划以新编第 9 集团军和奥匈第 1 集团军对俄军西南方面军北翼和后方迂回突击，阻止俄军的进攻，从而支援奥军。

　　1914 年 9 月 28 日，兴登堡将军指挥德军第 9 集团军从克拉科夫和琴斯托霍瓦一带向维斯瓦河挺进，于 10 月 8 日进至维斯瓦河和桑河河，直逼伊万哥罗德。此时遭遇俄军第 4、第 9 集团军所属兵团的顽强抵抗，奥德联军多次企图强渡维斯瓦河和桑河，均未成功。10 月 9 日，德军在科杰尼采和拉多姆一带组建马肯森军队集群，并由南向北进攻华沙，德第 9 集团军的其余部队继续在伊万哥罗德至桑多梅日地段对俄军发起攻势，以掩护德军主力对华沙方向的进攻。

　　在发起进攻的当天，德军从格鲁耶茨附近的一具俄军尸体上发现的一

今日罗兹

份命令，得知了俄国的计划，兴登堡通过这份计划了解到，在通往华沙的路上，有 60 个满员的俄军师正向他的 18 个减员几乎过半的师开过来，德军处境十分危险，得迅速撤离，但兴登堡还认为进攻华沙更加重要，于是决定快速行军，与俄军拼速度。不过他们采取了预防措施，一旦进攻华沙遭到失败就迅速撤退。10 月 11 日，俄、德双方的军队在华沙和伊万哥罗德附近遭遇。华沙—伊万哥罗战役爆发。

冯·马肯森

在这次战役中俄军击退德军对华沙的多次进攻，使德军的攻击逐渐减弱，在此战后，俄军的西北方面军和西南方面军的各集团军由新格奥尔吉耶夫斯克、华沙、伊万哥罗德和桑多梅日一线地区相继转入进攻。

对于兴登堡领导的德军一味攻打华沙，形同自投罗网，俄国人非常得意。兴登堡这时也发现，随着德军向前挺进，遭到了不断集结的俄军的抵抗，这支军队人数越来越多。这时，德军马肯森第九集团军的 4 个师离华沙已不到 30 公里，已经占领了城市边缘的一个重要铁路枢纽站，华沙已经在望。可鉴于俄军人数上的优势和防线的漫长，德军向康拉德提出要奥军给予支援的紧急请求，但得到的是否定的回答。兴登堡再也不敢坚持下去了，于是下达了撤退令，将马肯森所率军队从华沙附近撤走，德军放弃了他们的全部占领区，秩序井然地退到他们的边境，同时炸毁桥梁，实施焦土政策和大规模的破坏，阻止俄军的追击部队，从而结束了波兰西南部战役。10 月 21 日，奥匈第 1 集团军企图增援德军，向伊万哥罗德发起进攻，但在遭遇战中被俄军击溃。10 月 27 日，德奥联军开始向原出发阵地全面撤退，从 19 日起，俄军从姆拉瓦河到桑河沙的整个战线进军，以便占领向德国纵深进军的有利地形。

德军在 6 天之内退却近百公里，中途不止一次停下来作顽强抵抗，到 10 月底他们基本上都回到了出发点。虽然德军敌得过两三倍人数的俄军，但是很显然，奥军没有能力与俄军一对一地作战。而此时，俄军由于指挥上的失误及后勤缺乏准备，各集团军进展缓慢，德奥联军虽损失惨重，但终免于全军覆没。至 11 月 8 日，俄军各集团军推进到乌涅尤夫、瓦斯克、普热德布日、梅胡夫和塔尔努夫以西地区，德国的西里西亚再次处于危险之中。

被德军俘获的俄军
士兵

　　刚被任命为奥德东部战线司令的兴登堡了解到，面对俄军重新实施的推进行动，已无兵力增援，唯一可用的只有第 9 集团军了。德军眼前最迫切的需要是粉碎俄军对西里西亚的入侵，德军第 9 集团军在对华沙的进攻中损失了 4 万人，它必须毫不拖延地再次出击，以保全德国自身免遭入侵。

血战罗兹

　　俄军结束华沙 – 伊万哥罗德战役后，大本营制订了以西北方面军第 2、第 5 集团军及西南方面军第 4、第 9 集团军为主力继续进攻的计划，目的在于深入德国境内。进攻开始日期定为 1914 年 11 月 14 日。德军指挥部从截获的无线电报中获悉了俄军这一计划，立即决定先发制敌，夺取战略主动权。

　　德军于 11 月 10 日展开了向波兰北部的进攻，马肯森率德军第 9 集团军沿维斯瓦河挺进，俄军第 2、第 5 集团军在向西里西亚涌进时，突然发现自己的右翼遭到了来自托伦方向的德军猛烈攻击。俄军抵抗不力，德军战果显著，在 3 天时间里，德军抓获俘虏 1.2 万余人，并击退俄军右翼部队，使其陷入一片混乱，所有的俄军溃败部队都向罗兹后退。俄军总司令尼古拉·耶维奇果断行动，当即把第 5 集团军从南线调来支援，另外，俄军第 2 集团军司令依据当前情况将部分兵力北调，并在罗兹以北地域设防，而西北方面军司令鲁兹斯基令第 2、第 5 集团军向北方变更部署。德军也不甘示弱, 为从东、南两面包围罗兹, 马肯森令谢费尔将军带领德军突击集群不顾重大伤亡迂回到俄军第 2 集团军右翼, 进至该集团军后方的罗兹至彼得罗库夫路段, 至此德军已经包围了罗兹。罗兹城内大概有 15 万俄军陷入包围圈。德军满怀信心地准备收网。

11 月 17 日夜间, 正当德军歼灭包围圈中的俄军的时候, 俄国大本营命令驻守西南防线的整个第 5 集团军转过身来反方向进军, 击退前来包围的德军的左翼, 以拯救俄第 2 集团军。德军突击集群在此迎战俄第 5 集团军。从 11 月 18 日起的 3 天战斗中, 德军从西南方和南方迂回到罗兹以便与谢费尔突击集群会合的企图被粉碎了, 俄军第 1 集团军在沃维奇一带组建的突击集群从北方实施进攻, 协同第 2 集团军封闭了罗兹以东布列兹纳城附近的一段战线。结果使迂回到俄军第 2 集团军后方的德军陷入重围, 谢费尔突击集群被击毙和被俘多达 4 万人。德军不但未能围困罗兹城的俄国大军, 反而遭到反包围, 四面受敌, 俄军封锁了德军的每一条退路, 战局就这样完全颠倒过来了。

德军的失败结局确定无疑。此时, 俄将莱宁坎普夫却错误地把包围德军沃维奇突击集群的大部兵力调往其他方向, 仅留西伯利亚第 6 师扼守被围德军的退路, 而该师又无能力完成阻击任务, 致使在罗兹被包围的德军第 25 后备军于 11 月 24 日突围成功, 战俘和缴获的火炮均全部得以带出。

罗兹战役中, 25 万德军与 60 万俄军相对抗, 德军几乎包围了一个俄集团军, 但他们自己却被俄军反包围了。俄军虽包围了 6 万名德军, 但最后未能将他们俘虏, 双方都尽力使自己摆脱了被歼灭的命运, 在筋疲力尽的情况下, 俄军固守罗兹到 12 月 6 日, 然后他们在华沙以南重新部署了防线。罗兹战役后, 伤亡惨重的俄军不得不休整, 这使俄军进入西里西亚的愿望彻底破灭了。

此时, 从西线抽调的德军和新动员的德军开始源源不断地赶到, 加强了德兴登堡的实力, 德军实力雄厚, 俄军无力进攻, 到 1914 年年底的严冬, 东线局势平静下来。此时的东线战场, 奥匈帝国的军队势力大减, 已无力有所作为。俄国人也彻底衰弱下来——他们已耗尽了兵力。更为危急的是, 他们的后勤供应系统已经崩溃。

青岛战争，日军打败德军

在远东战线，德军发动了青岛战争，这是战争期间，日本和英国共同攻占当时由德国控制的中国青岛的一场帝国主义之间的非正义战争。战争于 1914 年 10 月 31 日开始，至 11 月 7 日结束。日本在这场战争中获胜，占领青岛。这是战争期间，日本首次与德国正面交锋，同时也是日本首次与英国联合参战。

仰口湾登陆

1914 年 9 月 2 日，日本军部调动以第 18 师团为主力的陆军 4.5 万人，在山东龙口强行登陆。这支军队配备了包括数百门重型攻城重炮、山炮、野炮在内的火炮和多架飞机。日军在 15 天内先后侵占了黄县、掖县、平度、即墨以及胶济铁路沿线城镇，最终屯兵李村向青岛逼进。

当时德军在青岛构筑了两条防线，外围防线是浮山、烟墩山、四方山等制高点，在这些制高点上，德军驱逐中国劳工修筑了临时炮台，并挖掘壕沟

今日青岛仰口湾

工事等，备战态度还算积极。但由于当时驻扎青岛的德军总兵力不足 5000 人，几乎是日军进攻兵力的 1 / 10，因此处于外围防线之外的仰口湾，只有少量德军的轻骑兵负责警戒。登陆日

青岛战争中，德军在青岛建的防御炮台

军没耗费多少弹药，就击退了德军的警戒部队，从而在仰口湾登陆，然后向李村挺进，与南下的日军主力会合。

日德双方的战备

为了对胶州湾进行封锁并从海上攻击驻青岛德军，日本海军出动了 60 余艘军舰，然而由于德军在胶州湾内布下大量水雷，因此在青岛东侧登陆几乎成了日军唯一的选择。数日后，又有一队约 2000 人的英军也在仰口湾登陆，史料称其中还有印度士兵。英军是来和日军联合作战的。

就在日军主力出发的同时，日本国内已开始修建战俘营。兵力集结完毕后，1914 年 9 月 26 日，日英联军开始向青岛外围发动进攻，逐步占领了孤山、楼山、罗圈涧等处的德军外围阵地。

就在日军从仰口湾登陆的第二天，德军即派 58 名官兵来到浮山高地设置了观察哨，并建立了 5 个防御工事，储备子弹 6 万发、手榴弹 300 枚、照明弹 2000 发及足够坚持 8 天的食品和水，准备与日军周旋一段时间。而日军要想摧毁德军在青岛市区各个山头的炮台，就必须在纵深地带安装大口径重炮，但德军在浮山设置的观察哨使日军无所遁形。

德军向日军投降

1914 年 9 月 28 日凌晨，大地还处在一片黑暗之中，日军派出两个中队的兵力摸黑向浮山摸去，准备发动偷袭。凌晨 3 时 30 分，这些日军突然遭

到德军步枪的射击，由于辨不清对方的位置，日军只好派出15人的小分队迂回到德军阵地的东南脚展开搜索，其余日军散开继续向德军阵地推进。

4时30分，日军再次遭到德军的猛烈射击，只好就地卧倒，观察周围地形。5时，天微微泛白，日军的能见度已达二三十米的距离，终于发现德军阵地主力位置，于是在先头分队的射击掩护下，大队人马继续向德军阵地逼近。在激烈的对射中，5时20分，日军中队长佐藤嘉平次阵亡。接替他指挥的日军中尉冈千太郎，冲至德军阵前约40米处时也中弹身亡。

5时30分许，天色大亮，日军各个小队距离德军阵地只有15米左右。日军在近乎垂直的山崖上发起冲锋。而驻守的德军士兵依然猛烈阻击，许多日军被击中后滚落山崖。随后日军改变战术，派大部队在高地的东侧猛攻，吸引德军的注意力，同时派士兵爬上高大凸起的巨石，在德军的头顶向下射击。接着，日军又派出敢死队爬上山崖，并集中数名狙击手封锁山崖方向的德军。

上午10时，日军的大股部队集中于山脚下向驻守浮山的德军射击。上午11时30分，德军只好竖起白旗向日军投降。中午12时许，日军全部攻占了浮山一带高地，俘虏德军士兵58名，缴获大批武器弹药。

随后，在日英联军的猛攻下，德军掌控的青岛要塞陷落，日英联军获得战争的胜利。在此次战役中，日军270人战死、113人负伤，防护巡洋舰"高千穗"号沉没，水上航空母舰"若宫"号遭重创；英军160人战死、23人负伤；德军199人战死、504人负伤、4715人被俘，1艘巡洋舰、1艘鱼雷艇沉没，4艘炮艇自沉。

中国参战始末

经过长达半年之久的大论争，中国政府最终在 1917 年 8 月 14 日对德宣战。此时，距一战结束不足 15 个月。9 月 14 日，中国政府正式宣布派兵到法国参战，并表示能在 6 周内向法国派遣 2 万至 3 万士兵。然而，由于日本没有向欧洲战场派去一兵一卒，因此日本也不想让中国派兵。最终，中国没有派兵直接作战。

自 1914 年 7 月 28 日一战爆发之后，中国并没有受到战火的直接波及，北洋军阀控制的北京政府立即于 8 月 6 日，对外宣布中立，希望欧洲战火不要殃及中国。为了防止列强在中国争夺厮杀，北京政府公布了《中华民国局外中立条规》，其中指出："各交战国，在中国领土领海内，不得有占据及交战行为；凡中国海陆各处，均不得倚之为根据地以攻敌人。各交战国之军队、军械及辎重品，均不得由中国领土、领海经过。其有违背前项规定者，应听从中国官员卸去武装。"北京政府的规定符合国际法中有关中立国权力的原则，中国的主权是应该得到保护的，然而这种想法未免天真，处于内忧外患、积贫积弱的中国，哪里会得到列强的尊重与保护！特别是近邻日本，对中国更是虎视眈眈，随时准备扑上来咬一口甚至是侵吞中国。

8 月 7 日，日本内阁决定参战。8 月 8 日便开始趁火打劫，日本内阁派出舰队耀武扬威地出现在德国租借地胶州湾海岸之外。8 月 15 日，日本对德国发出最后通牒，限其在 8 月 23 日之前将胶州租借地交与日本接收。8 月 23 日，日本对德宣战。9 月 2 日，日军在远离胶州湾的山东半岛北岸龙口登陆。为限制战火在华蔓延，9 月 3 日，北京政府照会各国公使，声明划出龙口、莱州及连接胶州湾附近各地为"战区"，企图以此限制日军的活动范围。然而，日本政府根本不予理会。

据当时的英国《泰晤士报》驻北京记者莫里循记录，北京政府预料到日本可能趁机夺取胶州湾和胶济铁路。于是向英国驻华公使朱尔典提出希

英国驻华公使朱尔典

望参战，愿意提供5万兵力与协约国一起围攻青岛，从而从德国手中收回胶州湾和胶济铁路。但是，朱尔典认为中国参战是多此一举，婉言拒绝。于是中国第一次参战的愿望就这样落空了。

果然，日军登陆山东后先沿铁路西进，击退德军，占领济南，控制了胶济铁路，最后于11月7日从德军手里抢到了青岛的控制权。一时之间，社会上呼吁参战的声音不绝于耳，梁启超认为，如果中国能恰当地利用国际局势，就能完成创建"完全合格的民族国家"的目标。而当时新文化运动的领导者陈独秀、李大钊等人也积极呼吁中国参战，借机收回国家主权，融入国际社会，提高国际地位。

在欧洲战场上，交战双方经受了一年之久的惨重消耗战，战局处于胶着状态，协约国为了打破僵局，希望更多的国家参与到协约国阵营。于是英国公使朱尔典与俄国公使库朋斯齐在1915年11月7日向中国政府提出，如果中国向协约国提供武器，那么就可以获得贷款，帮助中国扩充兵工厂。

此举立即遭到了日本的阻止，日本驻华公使日置益怒气冲冲前往中国外交部兴师问罪，说中国参战"不利远东和平"，绝不可行。北京政府软弱畏缩，只好搪塞说"经过调查，此事不实，英俄并未有所提议"。此时的英国为了避免在关键时刻失去日本的支持，也违心地说未曾与中国协商参战的问题。接着日本向英、法、俄三国政府发出声明，日本在中国处于特殊地位，有关中国问题，三国必须取得日本的同意才能采取行动。最后，协约国不仅拒绝中国直接参战，还让日本操控协约国在远东的政策。就这样，中国再次参战的愿意也是昙花一现。

然而，事情出现了戏剧性变化。战争进行到1917年2月，日本的态度发生了180度的大转弯。1917年初，德国的无限制潜艇战，损害了一直保持中立的美国的海外利益。于是美国在2月3日宣布与德断交，并与中方进行沟通，希望采取一致行动打击德国在中国的利益。于是中国参战的议题又被提了出来。

中国政府担心再次遭到日本的阻止，然而出人意料的是，在中国向德国提出抗议的当天，日本外相就告诉中国驻日公使，无须进行什么抗议，也不必等德国的答复，可以直接与之断交，并极力鼓动中国尽快参战。

日本的态度之所以前后截然不同，一切都是利益在作祟。当时亲美、英的袁世凯已死，而亲日的段祺瑞掌权。此时中国参战，日本可以通过段祺瑞政府扩大在华利益。更重要的是，日本已经私下得到列强的承诺，只要日本支持中国参战，日本可以继承德国在山东的利益。

不过，中国内部却出现分歧，全国展开了一场旷日持久的大讨论，一方说列强鼓动我们参战，是司马昭之心，路人皆知，我们不能牺牲本民族的利益，为他们充当争权夺利的炮灰；另一方认为中国参加对德作战，从当前看，是为了应对日本，在战后收回一些被列强侵占的利益，从长远看，中国可以借此融入国际社会，在世界上舞台上占有一席之地。

经过长达半年之久的大论争，中国政府最终在1917年8月14日对德宣战。此时，距一战结束不足15个月。9月14日，中国政府正式宣布派兵到法国参战，并表示能在6周内向法国派遣2万至3万士兵。然而，由于日本没

参加一战的中国劳工

有向欧洲战场派去一兵一卒，因此日本也不想让中国派兵。最终，中国没有派兵直接作战，不过，中国给协约国送去了许多武器装备和大量粮食，同时还派去了约 20 万中国劳工到欧洲和中东提供服务，其中有数千人为协约国的最终胜利献出了生命。

空战格斗，战争从平面到立体

在战争中，飞行员们把欧洲中世纪的骑士豪侠风度带上了蓝天。勇敢而残忍的决斗展示在蓝天这个新舞台。这些空中骑士们用青春、勇敢和智慧，用汗水、鲜血和生命促进了军用飞机的发展，战争模式也从平面走向立体。

空战武器五花八门

一战爆发之初，长期主宰战场的欧洲各国的陆军和海军，对那些用木头和布料制成的歪歪扭扭的空中怪物并不感兴趣，而当时的飞机的确也不是专为军用目的而设计的。飞机的机身全都用木头制造，机身和机翼上覆盖着涂上胶的布料，机上没有装配任何武器装备。这时的飞机大多数是双翼机，两层机翼之间是密密麻麻的金属线。据说当时的飞机在机翼之间的金属线全部连接好后，要放一个鸽子进去，如果鸽子逃跑了，那就说明必定有一根金属线断了。当时根本就想不到，也做不到采用流线型的设计来减小风的阻力，从而增大飞机速度。

一战中的飞机编队

陆军和海军中没有人真正想到飞机是一种作战的武器，只是把它作为陆军或海军的眼睛。英国和德国的飞行员们在空中相遇时，彼此并不交战，而是专心致志于各自的侦察任务，顶多挥挥拳头以示敌对。但是不久，这种互不相扰的局面就结束了。

由于飞机上没有专门的攻击性武器，所以飞行员和侦察员们在执行任务时往往带一支手枪或

一战中，飞机从战场监视迅速变成配合陆军立体作战

一支卡宾枪。但并非人人都带，也不是每次都带。

8月25日，由哈维·凯利中尉率领的英国皇家飞行队第二中队的一个3机小队，发现了1架德国鸽式机正在对蒙斯南面的法军防线进行侦察。中尉立即向德机靠拢，在德机方向舵的正后方占位。另两架英机也在德机两侧占据了有利位置。靠得很近的英机使德国飞行员惊慌失措，他企图俯冲脱离，但这3架英机却死死咬住它不放。德国飞行员看到逃跑已不可能，只得匆匆选了一个地方着陆，然后弃机撒腿跑掉了。英机也跟着着陆，但经过搜索没有找到那个德国飞行员，于是纵火将德机烧毁后，又重新起飞，这就是空中作战史上击毁敌机的第一个战例。虽有点逗乐，但它表明空中作战如同陆地和海上作战一样，人的勇气和智慧仍是决定胜负的重要因素。

1914年8月5日，俄国飞行员涅斯捷罗夫别出心裁地在自己的机身后部装了一把刀子，并用这把刀子把一艘德国飞艇的蒙皮剖开了。后来他又决定在飞机尾部装一条带重锤的钢索，准备从敌机上面飞过时，用钢索把敌机的螺旋桨缠住。

另一位俄国飞行员卡扎科夫上尉受涅斯捷罗夫的启发，在他的飞机上悬挂了一条带"抓钩"的钢索，抓钩上还联着一个雷管。从敌机上方飞过，用抓钩将敌机钩住，并靠钩住敌机时的撞击引爆雷管，杀伤敌机。

1915年3月19日，卡扎科夫在维斯拉河以西发现了一架德国"信天翁"飞机，他悄悄地开始跟踪，并巧妙地把钢索拉开，用抓钩钩住了德机。"信天翁"拼命想挣脱钢索的束缚，卡扎科夫哪肯放过。他想不出别的办法，于是决定把德机撞击下去。他降低飞行高度，第一次由于高度判断错误未能撞成，又进行了第二次撞击，又没成功。卡扎科夫索性来了个俯冲下滑，用

机轮狠狠地撞在了笨重的德机机身上。两架飞机都受了伤，在一起飞了几秒钟后，卡扎科夫的飞机开始滑翔，直立着触在地上，他却意外地活了下来。而德机飞行员却没有这么幸运，一头扎下去，轰隆一声，摔了个粉身碎骨。这就是勇敢者创造的"撞击战术"。

初期的空战武器五花八门，砖头、石块也在飞行员之间来回投掷着。有些人经常把手榴弹带到飞机上，并接连地投出，去炸毁敌机。还有些人提出从敌机上方向下投掷像铅笔一样大小的钢镖，但不久就被否定了。

在探索新武器的同时，人们也在探索飞机的空中机动问题。歼击机的机动动作是非常重要的。涅斯捷罗夫为解决这个问题作出了杰出的贡献。他研究了飞机的盘旋，确定了能保证飞机升力增加的升力速度。盘旋理论使涅斯捷罗夫确信，如果有了大能量的发动机，飞机就可以进行垂直面上的机动。他成功地完成了后来成为垂直飞行特技基础的"死筋头"动作。这个战术动作帮助许多飞行员避免了在战斗的紧要关头坠入螺旋的危险。

安东尼·福克的意外收获

由于空中武装冲突越来越频繁，空战问题引起了人们相当大的注意。人们发现，在飞机上装上固定式前射机枪对空中格斗非常有利，但由于拉进式飞机机头上有螺旋桨挡着，因此只能在推进式飞机短舱的前部安装前射机枪。首批歼击机就这样诞生了。由于这种歼击机是推进式，飞行不太灵活，飞行员们感觉驾驶起来很不顺手，于是便尝试着在拉进式飞机上架设固定机枪。第一个做这件事的是法国飞行员加罗斯。

加罗斯很早就意识到，歼击机的未来取决于能否安装沿飞机纵轴发射的固定式机枪。当时正好有一位飞机制造家，他在尝试解决如何使机枪透过旋转中的螺旋桨形成的圆盘来进行射击的问题，这个人叫雷蒙·索尔尼埃。他发明了一种断续器，每当桨叶转到枪口前面时，便通过机械装置使机枪停止击发。然而，由于当时制造

安东尼·福克

E 系列福克式飞机

的子弹存在点火迟缓的问题，有些子弹的射出时间要稍稍慢于设定的时间，结果在这个间歇中，另一片桨叶就可能转到枪口的前面，从而被击毁。为了解决这个问题，索尔尼埃在桨叶的后面装上钢制的楔形偏导器挡开这些子弹，从而保护木质螺旋桨不被打坏。

1915 年年初，加罗斯找到索尔尼埃，请求给他的飞机装上断续器。经过协商，他们决定不安装断续器，只安装偏导板。这是一种危险的措施，因为子弹打在螺旋桨上的冲击很可能使发动机停止或产生其他的故障。

1915 年 4 月 1 日，4 架德国双座观测机"悠闲"地巡视着战场，飞行员们哼着轻松的小曲，一副悠然自得的样子。突然，1 架法国单座机径直朝他们飞来。德国人看到，一串子弹透过那架飞机的螺旋桨迸射出来，紧接着就见一架同伴的飞机冒着浓烟坠毁了。剩下的德国飞行员见势不妙，掉头就跑。这架法国飞机就是加罗斯的那架有偏导板的飞机。他成功了！在不到 3 周的时间里，这架飞机又击落了 4 架德机。

然而，加罗斯的好运到此即结束。1915 年 4 月 18 日，当他驾机在德国阵地上空飞行时，他的发动机突然熄火了。当时，交战双方的战线是南北走向，风却是由西向东刮。由于当时的飞机时速只有 70 英里左右，协约国飞行员们返航时不得不与顶头风搏斗。发动机熄火后，加罗斯的飞机失去了动力，被风吹向德军后方。迫降后他还没有来得及把飞机烧毁，德国士兵们便向他猛扑过来。由于加罗斯的名字在法国报纸上被大肆宣传过，所以德国人十分清楚这名俘虏和他的飞机的价值。他的飞机机身的前部被送到了飞机设计师安东尼·福克那里。

安东尼·福克是荷兰人，他对于提高飞机的性能很有一套办法。早在1910 年他就制造并亲自驾驶了当时世界上最快、最坚固的单翼飞机。他先把这架飞机献给荷兰，但受到冷遇；后来他又把它转献给法、英、俄等国，又碰了钉子。最后是德国人接纳了他，让他在德国北部什末村飞机制造厂发挥他的才能。他成了当时欧洲公认的最好的飞机设计师。

安东尼·福克及其手下的工程师们很快就研制出了断续器。他使用帕拉贝吕姆式机枪在 M·5K 型拉进式双翼机上进行了试验，并获得了成功。一种称为 E Ⅰ 型的改进型单翼机随即生产了出来。这种断续器的结构本身十分简单：在机械联动装置的末端安装有一个凸轮，该凸轮恰好在桨叶转到枪口之前受到螺旋桨的撞击，使机枪停止击发，到桨叶通过枪口，凸轮回到原来的位置之后，机枪再继续射击。

安东尼·福克的 E 系列歼击机出现后，伯尔克上尉和他的伙伴马克斯·殷麦曼驾驶这种飞机开始了人类历史上真正的空战。空战史上很有影响的德国飞行员奥斯瓦尔德·伯尔克上尉驾驶这种飞机首次于 1916 年 1 月 5 日击落了一架敌机。从此德国人完全控制了天空。

两位"空中骑士"

E 系列福克式飞机的出现大大加强了德国的空中力量。德国飞行员驾驶这种飞机既能很快瞄准目标，又能对目标进行俯冲攻击。在这种飞机出现后的半年内，协约国飞行员的伤亡率非常惊人。在此期间，德国飞行员伯尔克和殷麦曼成了有名的"尖子飞行员"。伯尔克创造了小角度俯冲近距离攻击的战术；殷麦曼则创造了至今仍闻名于世的"殷麦曼翻转"，即半筋头翻转。

伯尔克早就因其在空战中所持的积极进攻态度而享有盛名，福克飞机的出现对他更是如虎添翼。他专心致志地研究着利用这种飞机进行空中格斗的战术问题。他早已懂得，在空战中"谁获得高度，谁就掌握着主动权"。所以每次空战，他总是先爬高到 1500 米，利用云层或阳光隐蔽，伺机出动。大部分协约国飞机达不到这样的高度。飞来的敌机只要稍不注意，伯尔克就可以采用远距离小角度俯冲，居高临下接近敌机，在近距离开火，使用连续短促的点射，直到离对方只有几米远时，他才再次爬高，等待下一次攻击机会。

一战时期的英国皇家空军飞机

然而，在空战中，他也看到了一种危险。他几次发现，在他进行俯冲攻击时，另外一架敌机也在悄悄地接近他，他感觉这样太危险了，应当想个法子。

于是，德国飞行员中另一位"骑士"殷麦曼便被找来了，他们组成了飞行史上的第一对双机。殷麦曼被称为"里尔之鹰"，早在1914年9月，在德军攻入法国北部、进逼巴黎的时候，殷麦曼就完成了一次惊人的"轰炸"巴黎的行动：他驾驶飞机低空掠过城市上空，投下沙袋炸弹，然后又撒下大量传单，逼迫巴黎当局向德军投降。殷麦曼战术素质极高，创造了许多行之有效的地空战战术。

伯尔克和殷麦曼配合默契。他们商定了一套在空中联络的信号，彼此在视界盲区作掩护，并借以发现从尾后切入的敌机。

殷麦曼在和伯尔克一起进行的双机编队飞行过程中，进一步完善了他颇负盛名的"殷麦曼翻转"。

最初，殷麦曼和伯尔克一样，经常采用抢占高度的战术。他躲在上空的云层里，当英国或法国飞机飞临时，便像老鹰抓小鸡那样从云层中俯冲下来，从后上方实施攻击，击落对手。

1916年6月18日，殷麦曼又一次躲在云中等待猎物。一架英国双翼战斗机出现了，他闪电般地俯冲下去。然而，他没有想到，另一架藏在云中的英国战斗机尾随而下，一个点射就将他击落了。

殷麦曼死后不久，他的同伴伯尔克也遭到了厄运。1916年10月28日，在与一架英国飞机搏斗时，伯尔克与本队飞行员伯梅的飞机相撞，他的飞机蒙皮从支撑上翼的木结构上剥落下来，飞机坠毁。这位在空战史上创造出击落敌机40架记录的飞行员就这样命丧黄泉。

王牌与王牌的对决

1917年4月，英国皇家飞行队为配合联军执行法军总司令尼维尔的进攻计划，与德国飞机在法国北部的阿拉斯上空进行了争夺空中优势的殊死搏杀。

战役开始后不久，就遇到了坏天气，阴雨低云，狂风大作。在前5天的作战中，英国飞机发生了56起飞行事故，在战斗中被击落75架飞机，飞行员伤亡105人。英国皇家航空队的飞机在战场执行任务时，往往被强烈的西风吹到战场的另一边，从而受到德机和德军地面炮火的打击，而当负伤的英国飞机企图飞回己方阵地时，又由于飞机速度无法战胜风速而只能在敌方阵地迫降，遭受了沉重的损失。英国人因此称这个月为"血的4月"。

在"血的4月"中，战绩最佳的当属德国"超一流"飞行员——红色男爵冯·里希特霍芬上尉。

冯·里希特霍芬出身于普鲁士一个贵族家庭。他最初从事军务工作，不久加入骑兵部队，后来又加入德国的飞行队。由于他的阿尔巴特罗斯双翼飞机被漆成了深红色，所以他被称为"红色男爵"。1916年9月，他首开战果，击落一架敌机，从此便一发不可收拾。他与英国的王牌飞行员霍克的空战，就是一场王牌对王牌的厮杀。

1916年11月23日，里希特霍芬驾驶着他的深红色飞机在3000米高空巡逻时，突然发现前面有3架飞机。这是由英国王牌飞行员拉诺·霍克和另两名飞行员组成的一个飞行编队。此时，霍克也发现了这架德国飞机。他一声令下，3架飞机同时冲上高空。里希特霍芬处于下方，无法进攻，但他在等待着战机。

霍克的飞机俯冲了下来，

激烈的一战空战

机枪喷着火舌，打出了一个 5 发长点射。里希特霍芬向左急转弯改变航向，霍克紧紧咬住不放。

两架飞机兜起了圈子，都想进入对方后面占据有利的攻击位置，这种"咬尾"战术至今仍是一项空战原则。两位有经验的飞行员都开足了马力，绕了 40 圈也未找出对方的破绽。这时，里希特霍芬忽然想到，对方不是一个初出茅庐之辈，必须在飞机性能上找到突破点。他清楚地知道，霍克的飞机在机动性能和速度上是出色的，而自己的飞机爬高性能较好。于是他充分利用爬高优势，终于进入了英机后上方的位置，但里希特霍芬仍没法瞄准霍克的飞机。

双方飞机仍在兜圈子，彼此很难找到攻击的机会。飞机的高度在不停地下降，从 3000 米一直下降到 1800 米。这时，一股疾风将他们吹向了德国战线一侧。霍克知道自己已深入对方纵深很远，该退出战斗了。但他不想就此罢休，他们仍在绕着圈子，圈子越来越小，里希特霍芬总是处于霍克的上方，有几次他都能清楚地看到霍克在座舱里的动作，飞机的高度仍在下降着。

突然，霍克做了一连串的筋头动作。当他完成这些动作并往回飞时，里希特霍芬首先开了火。

飞机已经离地面不到 90 米了。霍克想赶紧飞回己方战线去。但里希特霍芬紧跟在后，正在瞄准他。霍克不停地左右摆动着做曲线飞行，使敌人无法扣动枪机。当两架飞机相距 30 米时，里希特霍芬又射出一串子弹，其中一发击中了霍克的头部。霍克的飞机跳动了一下就坠毁了。

这次空战的胜利，使里希特霍芬名声大噪。1917 年 1 月，他升任德国第 11 狩猎中队中队长，在 4 月进行的阿拉斯上空战斗中，该中队共击落敌机 89 架，其中里希特霍芬击落 21 架。至此，他已总共击落 52 架飞机，超过了其前辈、德国"空战之父"伯尔克创造的 40 架的记录。

一战空战图

大圆圈编队

自从德军伯尔克建议成立专业化歼击机部队——狩猎中队以来，大规模的机群对机群的攻击便开始了。英、法相继组建了飞行中队。法国和德国一样，也把最优秀的飞行员集中起来使用。而英国则将其优秀飞行员分散在各个中队，以便使新来的飞行员学习老飞行员的战斗技能。

随着航空部队的兵力不断扩大，德国组建了几支狩猎联队，以取代狩猎中队。编队空战的战术也在战争中发展着。从伯尔克与殷麦曼的双机发展到3机、5机、6机甚至12机的大编队，逐渐形成了以3机为基础的模式。1916年夏末，德国开始以6机组成"大圆圈编队"，这是一种大规模的战斗机编队。它既有很强的防御能力，又有一定的反击能力。

法国人拉弗伯雷对德国的"大圆圈编队"战术作了改进，使参加编队的飞机不但能保持在一个水平面上飞行，而且可绕圆圈盘旋爬高。这样就可以利用防御队形进行盘旋以取得高度优势而伺机进行攻击。这就是著名的"拉弗伯雷大圆圈"。后来在第二次世界大战期间，英国人和日本人都曾运用过这种方法。

1917年7月，英国皇家飞行队第45中队6架索普威恩"一个半支柱"式飞机，奉命去德军防区执行照相侦察任务。当机群深入德军纵深25公里上空时，遇到了德国机群。德军飞机组成4个双机编队，在英国飞机的左前、右前、左后、右后分别占位，将它们团团围在中心，并取得了高度优势。

一颗红色信号弹腾空而起，德国带队长机发出了攻击信号。

于是，德军飞机凌厉凶猛而又井然有序的攻击开始了。德机第一个编队从英国机群的左后方进入，向下俯冲，在目标机尾后下方，实施小迎角上升攻击。当英机飞行员注意力放在下左侧的时候，德机第二个编队紧接着又从右上方尾后俯冲下去。头两个编队攻击刚刚结束，第三个编队便从左前上方实施攻击，第4编队则从右前方实施水平攻击。

英国机群被折腾得阵脚大乱。带队长机命令解散编队仓促迎战，但是惨败的命运早已逃脱不掉，英机被击落3架，其余的落荒而逃。

在大机群作战中，走运的并不总是德国人。1917年9月23日傍晚，英德之间一场不期而遇的机群混战发生了。

由哈默斯利中尉率领的英国第60飞行中队的"A"小队，首先和德国赫赫有名的飞行员沃斯相遇。哈默斯利中尉对德机实施了小角度俯冲，从正面进行攻击。沃斯却像泥鳅一样从他的下面滑了过去。哈默斯利迅速拉起飞机急跃爬升，但沃斯的三翼机已经占据了高度优势，并在盘旋机动中不停地向英机射击。子弹击中了英机的发动机和机翼，哈默斯利盘旋下降企图逃脱，另一架英机则准备救援哈默斯利。但沃斯一个急转弯便绕到了这架英国飞机的后方，打坏了其方向舵，迫使它退出了战斗。

接着，英国第56中队"B"小队在大詹姆斯·麦卡登率领下对德国三翼机编队的另一架飞机进行攻击。麦卡登向右，里斯·戴维茨向左，实施大速度俯冲，占据了这架三翼机的尾后位置。德国飞行员惊慌失措，不顾一切地转弯逃避。由于势单力薄，德机不可避免地陷入了英机重围，但德国飞行员仍在应战，并在混战中打穿了麦卡登的机翼。另一架红色机头的德国阿尔巴特罗斯侦察机不知从何处钻了出来，拼命保护那架三翼机突破了重围。

这时，鲍曼率领的英国第56中队"C"小队也赶来了，他们放弃了正在逃跑的两架德机，集中力量对付德国很著名的空中勇士沃斯的飞机。

高度已降到了600米，沃斯在英国3个飞行小队的重围中左突右杀，不仅毫无逃跑的意思，而且还一次次地追回来拼命。最后，当他从鲍曼机头前面飞过准备实施攻击时，里茨·戴维茨正好进入他的尾后盲区。沃斯的三翼机受到了致命的打击，坠地而毁，至此沃斯也结束了他的一生。

编队空战大大促进了歼击机的发展和空战战术的演变，为后来发展大机群空战理论打下了基础。

一战空战图

英军飞机击败德军齐柏林飞艇

战争爆发后，德军订购齐柏林公司生产的齐柏林飞艇，组建飞艇部队，他们认为飞艇一出，无坚不摧，无往不胜。德军驾驶齐柏林飞艇对巴黎和伦敦进行空袭，取得了不少战果。英军不甘示弱，1914 年 9 月 22 日，英国皇家海军航空兵首次空袭德国。此后双方一直在空中展开厮杀，直到 1917 年底，德军飞艇彻底走向失败。

袭击齐柏林飞艇库

德国的齐柏林飞艇严重威胁着英国皇家海军的海上优势。在齐柏林飞艇的侦察协助下，德国海军可以避开英国的主力舰队，设法消灭英国的分遣队伍。因此，在战争初期，英国便决定要将齐柏林飞艇消灭在"摇篮"里边。

1914 年 9 月 22 日，英国皇家海军航空兵首次空袭德国。由萨姆森中校指挥的皇家海军航空兵第一联队的 4 架飞机从敦刻尔克起飞，轰炸了位于科隆和杜塞尔多夫的齐柏林飞艇库。因浓雾所阻，这次空袭没有取得成功。10 月 6 日，英军两架携带炸弹的泰布洛德式飞机，再次轰炸杜塞尔多夫飞艇库。泰布洛德式飞机是当时较好的飞机：它的汽缸旋转式发动机有流线形整流罩，机身有完整的蒙皮结构。这是一种小型飞机，翼展只有 7.77 米，曾经在一次飞行表演中以每小时 145 公里的速度和每分钟 366 米的爬升率而轰动一时。当时皇家海军仅有 3 架这种飞机，其中第 167 号和 168 号两架飞机属于皇家海军航空兵第一联队。执行本次轰炸任务的就是这两架飞机。由于目标较远，两架飞机首先飞到安特卫普郊外的威尔里克机场。加油后，斯潘塞·格雷少校飞往 200 公里以外的科隆，马里克斯中尉飞往距离相等的杜塞尔多夫。但格雷少校的运气不太好，飞艇基地地面上有一层薄雾，无法实施攻击。他只好在一处火车站上空投下了炸弹。

在杜塞尔多夫，马里克斯中尉没费什么劲就发现了一座庞大的飞艇库。

齐柏林飞艇

　　他随即驾机俯冲到 180 米高度，虽然地面的德军重机枪以猛烈的火力向他射击，但他已准确地投下了两颗 9 千克炸弹，然后开足马力迅速爬高。只见飞艇库喷出一团巨大的火球，直径足有 150 米。库内有一架德国新造的 Z-9 号飞艇被炸，炸弹掀起的烈焰引爆了库存的 28320 立方米氢气，整个飞艇连同飞艇库倾刻间化为乌有。

　　完成任务后，马里克斯中尉得意洋洋地驾机而返。当他转弯时，发现方向舵的脚踏杆被机枪子弹打断，操纵索失灵，高兴的心情一下子凉了半截。他不得不放慢飞行速度，最大限度地扭曲机翼飞向安特卫普方向。在顺风的推动下，他终于安全返回了基地。

　　12 月 24 日 17 时，由 3 艘航空母舰、2 艘巡洋舰、10 艘驱逐舰、10 艘潜艇组成的英军庞大舰队从哈里奇出发了。在夜幕的掩护下，舰队于凌晨 4 时 30 分顺利通过北海，6 时整到达了弗里西亚群岛旺格奥格以北 40 海里的预定位置。

　　7 点，英军飞行员和侦察员们登机。领航舰向各舰发出吊放飞机的信号，9 架英军飞机在蒸汽绞车的铿锵声中被吊放到水面上。接着，启动发动机的信号发出。机械员们开始发动引擎。他们站在狭窄的甲板上，尽量使自己站稳脚跟，同时费力地转动着木质螺旋桨。海浪不停地涌溅到他们身上，但有两架飞机的发动机一直发动不起来。不能再等了，余下的 7 架飞机开始转向逆风，滑入起飞跑道。

英军这 7 架飞机升空,飞向 64 公里外的库克斯港。飞行员们坐在冰冷的敞开式座舱里,发动机功率在低温状态下也下降了。飞行高度很难保持,因为速度快不起来。

更糟糕的是,英军飞机飞临目标区时,浓雾把地面完全遮住了。没有一架飞机能找到齐柏林飞艇库。飞行员们只好转向西南。不久他们发现,在一个海军基地内停泊着一艘艘德军军舰。正在这时,德军地面高射炮火向英军飞机袭来,飞行员们冒着猛烈的炮火把几颗炸弹投向一艘巡洋舰和一艘航空母舰。德军准确而猛烈的地面炮火击中了大多数飞机,有 4 架飞机因油箱被击中或者发动机被打坏,不得不在海上迫降。

只有 2 架飞机返回了英军水上飞机母舰。3 架迫降飞机的人员被潜艇救走,1 架飞机被驱逐舰拖带着救起,而休利特上尉驾驶的 135 号飞机下落不明。后来才知道,休利特的飞机迫降在一艘荷兰拖网渔船旁边。当时的中立国荷兰扣留了他。

这次空袭虽然没有达到预期效果,但英国飞机突然出现在德国主要海军基地上空,大大超出了空中攻击所能达到的范围。结果,德军不仅在库克斯港和威廉港,而且在所有易受攻击的军事设施周围都加强了防空力量。

再现一战中德国
"红男爵"飞机

英军的这次空袭牵制了德军的力量，同时证实了航空部队可以和舰队一起作战，从而向人们展现出了一种崭新的作战方式。

空中猎杀

　　英军对德国飞艇基地的空袭一直没有停止，而德国飞艇也飞过海峡空袭了伦敦。

　　1915年6月6日晚上10时，在英格兰诺福克海岸的一幢楼房内，一位名叫拉塞尔·克拉克的无线电爱好者用自制的短波接收机收到一些断断续续的莫尔斯电码。他报告给英国海军部，告诉他们接收的频道。这些电报正是德国飞艇部队的飞行航线信息。

　　因为齐柏林飞艇航线是精心制定的，极少临时更改，因此英军航空部队准备截击这些狂妄的袭击者。

　　6月7日12时45分，英国皇家海军航空兵驻法国敦刻尔克基地指挥官阿瑟·朗莫尔中校命令第一中队的4架飞机起飞，前去拦截飞艇。

　　英国飞行员亚历山大·沃内福特上尉和约翰·罗斯上尉各自驾驶一架莫兰·索尼尔式单翼机腾空而起，穿过黑沉沉的夜幕，直奔比利时北部的根特城上空。

两分钟后，威尔逊上尉和米尔斯上尉也驾驶着两架法尔曼式轰炸机向同一方向飞去。

在浓雾笼罩的比利时佛兰德以西海岸上空，3个巨大的灰色怪物正缓缓飞向多佛尔海峡，这就是德国人的齐柏林飞艇。飞艇队伍由德国名噪一时的大英雄林纳兹上校率领。一周之前，林纳兹曾指挥LZ-38号飞艇轰炸了伦敦。林纳兹从布鲁塞尔附近的齐柏林飞艇库起飞。黄昏前，在布鲁塞尔上空与LZ-37号和LZ-39号汇合。飞艇队伍飞过比利时海岸，向海峡对面的泰晤士河口飞去。

当飞艇飞临海峡上空对，大雾正笼罩着海峡，能见度为零。德国飞行员们焦急地等待着，这时，他们收到了德国基地发来的电报：气候不佳，任务取消。

飞艇转头东返，这时又收到德国电令：在返航途中选择打击目标。林纳兹率飞艇队伍飞向加莱，并确定了打击目标——英军前线后方的一个重要的铁路枢纽。

当德国飞艇队伍向加莱飞行时，英国4架飞机也正向该方向疾进，每架飞机上都挂载着6颗6千克的炸弹。

英国两架单翼机飞行员保持着目视接触，平稳地飞行着。突然，沃内福特看到罗斯在摇晃着他的机翼，这是预先约定的遇险信号。是罗斯遇到了麻烦，他的仪表指示板上的灯光灭了。在黑暗中，他凭直觉飞行着。在浓厚的大雾中，罗斯的飞机撞到了地面上，令人吃惊的是，他竟然没有受伤。

沃内福特独自飞行着。他看到了德国的飞艇，便开始减速盘旋。突然，地面高炮向他射击了。他猜测，一定是德国人听到了飞机发动机的嗡鸣声才开炮的。于是他关闭了发动机，驾机滑行。炮声渐渐远去。

他继续飞行着，漫无边际的大雾使他很难发现攻击目标。就在这时，一个巨大的影子出现在飞机的左下方。他减小油门，放慢速度，远远尾随着他的猎物，不想过早地惊动它。

天空渐渐亮了，他发现自己跟踪的是德国LZ-37号飞艇，飞艇正在下降高度，飞向贡特罗德飞艇基地。

正在此时，飞艇上的炮手发现了他这架飞机。一阵炮弹向飞机射了过来。

飞赴前线的德国齐
柏林飞艇

　　LZ-37 号艇内，德国人哈根上尉拿起艇内话筒，向炮手喊话："你在朝谁开炮？"

　　"一架英国飞机在艇尾方向，距离 300 米。"炮手答道。

　　哈根迅速通知了吊舱上的 4 名炮手，其中两人开始向这架英国单翼机开炮射击。

　　沃内福特拉大距离，躲在德国飞艇炮手的视界盲区，小心翼翼地注视着飞艇的动向。他清楚地知道，飞艇的爬高能力比他的单翼机有很大优势，高度是攻击的优势。

　　沃内福特耐心等待着，随时准备用他那少得可怜的炸弹捕杀这只德国巨兽。

　　哈根突然下俯艇首，4 台发动机加大油门，全速向德国基地的防空火力保护圈内冲去。

　　沃内福特也加大油门，使飞机处于德国飞艇的正上方，接着他关掉发动机，开始大角度螺旋俯冲。当飞机下滑到距飞艇不到 46 米时，他投下了炸弹。

　　然后他驾机全速飞行，逃离了飞艇的上空以躲避爆炸。只听一声巨大的爆炸声，沃内福特的小小英国单翼机被气浪上抛了 60 余米。他从座舱里被掀了出来，安全带拴着他，将他吊在飞机上。他看到，飞艇已变成了一个炫目的火球。

德国飞艇上的艇长罗默突然感到一阵剧烈的震动,飞艇突然倾斜。他被震得双手撒舵,身体滑过陡直的甲板,头碰到一根金属柱子,撞得眼冒金星。他死死地抓住柱子。甲板上的其他人已统统被摔出了艇外。

飞艇在剧烈的燃烧中下坠,吊舱穿透了伊丽莎白女修道院的宿舍楼顶,当场砸死两名修女和两个孤儿。

此时的沃内福特已从惊愕中清醒过来,他爬回了座舱。发动机已熄火无法发动,他必须在德国敌后迫降。

在德国 LZ-37 号飞艇遭到攻击坠落后,LZ-38 号也在面临着死亡的威胁。英国人威尔逊和米尔斯尾随这艘飞艇到了德国埃维尔齐柏林飞艇库上空,趁飞艇正在被拖进艇库的时候,对它实施了轰炸。炸弹穿透了艇库的屋顶,一连串的巨响之后,齐柏林飞艇库变成了一团大火。林纳兹和他的艇员们仓惶逃出了艇库。

沃内福特的飞机遭遇了故障,在一块开阔的田野上安全降落。他点了一支火把,检查了发动机,原来是一根油管漏油。他迅速用一段绳子把油管系紧,35 分钟后,他又驾机起飞了。但是,飞机已不那么好操纵了,发动机间歇性地停机,他偏离了航线。为了找到明显地标物以确定航线和自己的位置,他飞向海岸方向。

飞行了很长一段时间后,沃内福特终于看到了大海。他发现自己已偏离航线很远的距离。

马匹拉着的齐柏林飞艇

重新确定航向后,他向着敦刻尔克径直飞去。然而,发动机不久便再次熄火,飞机失去了高度,降到一块平坦的沙滩上。

沃内福特撇下了飞机,一路搭乘便车回到了英军基地。36小时后,他获得了维多利亚十字勋章。

此后,德国齐柏林飞艇仍然不断地飞到英国轰炸,而英国的飞机一次次迎击,却不是每次都能取得战果。

直到1917年年底,德国飞艇才遭到彻底的失败,而失败的原因不是由于英国的战斗机和高炮,而是由于天气。

1917年10月的一个晚上,11艘德国齐柏林飞艇奔向英国,但途中遇到了风暴。它们被吹得越来越高,其中4艘再也没能返回基地。从此,德国飞艇从英格兰的天空彻底消失了。

第三章
第二阶段：血腥残酷的屠杀

1916 年末，法金汉向凯泽递交了一份战略备忘录，他暗示说，帝国正面临着一场巨大的消耗战，对手比自己拥有更多的资源和人力。在调查了各个不同战区之后，他评论说德军在任何地区都没有取得决定性胜利的可能性。英国显然仍是我们帝国最大的敌人，德国想不出什么办法能够直接打击英国，而法国却是英国在欧洲大陆的一支宝剑。因此，法金汉建议以凡尔登为目标与法国进行一场消耗战，以挫败法军士气。……战争导致了恐怖的大屠杀，大炮成了屠夫，而双方陆军士兵成了屠刀下待宰的牛犊。

——《剑桥战争史》

加里波利战役，联军无功而返

1915 年 4 月 25 日，加里波利战役打响，英法联军在加里波利半岛实施登陆，但遭到了土耳其军队的顽强抵抗，英军最终惨遭失败，同时参战的澳新军团也损失惨重。此战是第一场具有现代意义的登陆作战。但这次冒险的军事行动，是马虎策划与错误判断的结果，在登陆作战的历史上，写下了惨重失败的一笔。

土德媾和，英法不答应

1914 年初秋，土耳其人感受到了这一年从达达尼尔海峡（或称恰纳卡莱海峡）吹来的咸湿的海风，似乎比往年的都要大。人们站在海边交头接耳，议论着刚刚过去的夏季在欧洲爆发的那场战争。据从海上回来的人说，德意志帝国、奥匈帝国、法国都参加了这场大战。他们不太明白这场战争要干什么，但是德国和土耳其是有些交情的，所以他们纷纷力挺德国，希望德国胜利的概率大些。

说起来，德国人出现在君士坦丁堡，已经有 12 个年头了，他们和土耳其人进行贸易往来，而且对中东地区的经济发展表现出了极大的兴趣。这些德国人常常发表意见，并给予土耳其军队一些金钱上的资助，有时还给他们带来一些武器装备，说是无偿送给土耳其的。到了1907 年，不少土耳其人听说英国人与俄国人达成公约，这让土耳其对英国顿失好感，因为俄国是他们的宿敌，他们之间达成公约也就是公然和土耳其过不去。这样一来，土耳其人更愿意和德国人来往，土耳其为了加强两国之间的友好关系，土耳其政府要求德国派一个军事使团来君士坦丁堡，帮助他

加里波利战役中，英军的滩头阵地

们训练军队。

很快，德军的桑德斯将军于1914年12月带领一小批军队抵达君士坦丁堡，他被任命为土耳其陆军的监察长。第二年的7月，英国参战的消息令土耳其人感到了威胁，他们赶紧向德国提出秘密结盟的计划，德国人愉快地答应了。

实际上，德国一直等待土耳其投入自己阵营的这一天。而这时，英国人为了加强海军军备对抗德国，决定征用英国造船厂正在为外国海军制造的所有军舰。这些军舰中，正好有2艘是为土耳其建造的战列舰，该舰战斗力很强。英国人没有考虑到土耳其人的敏感情绪，不打招呼就把2艘战列舰征用了。得知自己的新军舰成了泡影，土耳其政府相当愤怒，于是开始喋喋不休地向德国人诉苦。

"英国人真是太过分了！"他们叫嚷着，发泄着心中的不满，而德国人淡淡地说了一句："不如，我们送给你们2艘巡洋舰吧？"土耳其人一听，顿时感激涕零。

其实，这只是狡猾的德国人的计谋罢了。要知道，那2艘送给土耳其的巡洋舰，是被困在地中海根本没有希望返回德国的战列巡洋舰"格本"号和轻型巡洋舰"布雷斯劳"号。

在德国人看来，土耳其人简直太好骗了。德国人是希望土耳其在德国需要租借其具有重要战略地位的海峡和领土时，能够慷慨大方一点儿。德国人和土耳其人的亲密关系，让英国人感到了不安。

不久，英法两国达成一致，决定出兵进入达达尼尔海峡和博斯普鲁斯海峡，占领土耳其首都君士坦丁堡，最终目的是迫使土耳其退出战争。

英国海军大臣温斯顿·丘吉尔是首先提出达达尼尔海峡重要性的人，他同时也提出初步的作战方针：战争初期，英法联合舰队应该依靠舰炮火力摧毁土军海岸炮连和要塞，而后扫除海峡水雷，再突入马尔马拉海登陆，

加里波利战役中，
英军的补给品

最后攻占君士坦丁堡。

英法联合舰队的动向，让德土联军统帅部闻到了火药味。经过商议，土耳其第1、第2集团军的部队被调往达达尼尔海峡地区，主要任务是在要塞布置足够多的炮兵，将要塞和岸边的火炮数量增加到了199门，还布下了10道水雷障碍，以防御英法联合舰队的入侵。另外，土耳其军队还在达达尼尔海峡入口两岸配置了外围炮兵连，在其后区域布置了中间炮兵连，最后一道防线上部署了内防炮兵连。

德国桑德斯上将带领第3军的部队驻守在达达尼尔海峡北岸阵地，南岸则由该第1集团军的第15军负责。

1915年2月中旬，英国萨克维尔·卡登海军上将带领着英法联合舰队集结在利姆诺斯岛穆德罗斯湾，联合舰队排开了声势浩大的阵营。海面上，11艘战列舰、1艘战列巡洋舰、4艘轻型巡洋舰、16艘驱逐舰、7艘潜艇、1艘飞机运输舰依次排开，仿佛一堵坚不可摧的钢铁城墙，矗立在土耳其人的眼前，舰队渐渐向海岸逼近，令人感受到咄咄逼人的气势。此时土耳其炮手们捏紧了拳头，傲然注视前方，等待英法联合舰队向他们袭来。

屡攻不下，陆海军联合登陆

1915年2月19日上午，英法海军对达达尼尔海峡的攻击开始了。英军司令官卡登上将站在战列巡洋舰"坚强"号上，目光坚定，通过望远镜，他看到左前方的岸上有2个要塞，其侧翼有海勒斯角和附近的塞迪尔巴希尔村作为掩护，背后是加里波利半岛的高地，褐色的灌木丛覆盖着峻峭的山峦，偶尔有几棵矮小的松树露出一点儿幽绿；舰队右前方附近的海岸上，还有2个要塞，而它们背后是更陡的山丘，易守难攻。

渐渐地，晨雾在冬日太阳的驱散下消散了，达达尼尔海峡露出了完整的容貌。卡登一声令下，英法联合舰队在最大射程处开始向这4个要塞开炮。炮火有条不紊地持续着，巨大的炮声和爆炸声在海峡内回响，士兵们忍受着高强度的噪音,手中的动作毫不迟缓。土耳其炮手抡起胳膊站在火炮前,对准海面上的英法战舰,不间歇地发射炮弹。由于居高临下,土耳其方面的炮火攻势看起来更加强大。土耳其4个要塞均没有因为英法舰队的炮火受到太大损失。密集的炮火使海峡上空被浓烟和火焰笼罩,在长达6小时的炮战中,英法舰队的炮火依然没能压制住土耳其的火力。

为了进一步加强炮火攻势,卡登下令出动达达尼尔海峡地区的联合舰队全部兵力,但依旧没有对土耳其人的要塞造成创伤。

接连几天的炮战都打得很辛苦,舰队没什么进展。卡登转而准备实施第二步计划,即在海峡里扫雷并且打击海岸土耳其炮兵。但这个时节正逢爱琴海风暴肆虐,海面上的能见度很低,这种气候条件导致英法联合舰队的进攻更加缓慢。每天清晨,英法联军战舰都进入海峡,对两岸进行炮轰,但土耳其人的活动的榴弹炮隐藏在灌木丛中,瞄准它很有难度。而排雷的进度则令人恼火。进行扫雷的船是临时召集的,是没有武器装备的木质拖网渔船,行动力很差,在海峡流速4节的水里常常无法前进;扫雷的人员不是专业士兵,而是从英国北海港口召来的普通渔民,没有经验,并且根本不善于发现和排除水雷。因此,扫雷行动拖了联合舰队的后腿,使得进攻时间一拖再拖。

2月26日夜晚,扫雷船又被派了出去,但它们被土耳其守卫部队的探照灯照射得一清二楚,见此情况,扫雷的拖网渔船掉头就跑,全无战果。当时接到报告的丘吉尔生气地发了一封电报:"我不明白为什么扫雷船受到海岸炮火的干扰,竟没有造成任何伤亡!只要能扫到海峡最窄处,伤亡二三百人的代价不算大啊!"

加里波利战役中参战的澳新军团

对于丘吉尔的斥责，卡登感到异常沮丧，他丧失了自信心，精神几近崩溃。他提出了辞呈，丘吉尔立刻下令让德·罗贝克少将接任指挥，并命令英法联合舰队必须在 3 月 18 日发起全面总攻。

3 月 18 日，联合舰队再次出现在达达尼尔海峡。德·罗贝克把威力最大的 4 艘战列舰"伊丽莎白女王"号、"亚加米农"号、"纳尔逊勋爵"号和"坚强"号排成一排，部署在最前列，向海峡最窄处进攻。它们对着土耳其要塞轰击了半个小时，总算对要塞造成了部分损伤。随后，法国军舰在英国后援部队的支援下，对海峡最窄处的要塞连续攻击，炮火持续了大约两个小时。

土耳其人的炮火被稍稍压制了下去。但他们仍然坚持炮击，这些炮弹从两侧海岸和正面投射过来，在法国战舰的甲板上引起爆炸，大火不断蔓延。突然，又一枚炮弹直直抛射下来，嘭的一声，打穿了一艘法国军舰。

德·罗贝克立刻召回受到损伤的法国军舰，命令后边的 4 艘英国军舰迅速上前。一艘法国战列舰急忙向右转舵，却不幸撞上了土耳其人布下的水雷。轰! 战列舰发生爆炸，碎片四处飞溅，舰上的 600 多名士兵随着战舰沉入海底。要塞里的土耳其人爆发阵阵欢呼。

就这样，这次总攻，又以英法联合舰队的撤退而告终。德·罗贝克忧心忡忡，于是在 3 月 22 日这天乘坐"伊丽莎白女王"号抵达利姆诺斯岛，会见了陆军少将威廉·伯德伍德勋爵和陆军上将伊恩·汉密尔顿勋爵。此时，汉密尔顿是全面指挥爱琴海协约国部队的负责人。

经过激烈的讨论，三个人一致决定不能单纯使用海军作战的方案，应实施海陆军联合登陆作战。

联合总攻，土耳其临阵换帅

英法联军的统帅汉密尔顿站在船头，沿海岸从北向南航行，仔细观察着狭长的加里波利半岛中部。他想寻找一个理想的登陆场，最后相中了加巴泰普岬稍北处的一个地点。这个地点的海岸开阔，直接通往半岛上高高的山脊，是个部署炮火支援的绝佳地点。一旦英法联军占领了这里的高地，就能利用炮火切断土耳其的补给线和增援部队。联军登陆作战时，同时在博拉耶尔和库姆卡莱佯攻，就能牵制加里波利半岛南部的所有土耳其兵力，

汉密尔顿

从而给英军第29师充足的时间去占领塞迪尔巴希尔。

汉密尔顿在脑海中勾画好蓝图，脸上的神情十分愉悦。可不幸的事发生了，第29师从英国运来的运输舰，没有按照战备状态的要求装载，这令他十分恼怒。由于火炮和弹药被分装在不同的船上，机关枪被压在了货物的底下拿不出来，附近又没有海岸设施重新装船。于是汉密尔顿命令整个英国运输船队返回亚历山大重新装船。这个低级失误，耽误了英法联合舰队宝贵的准备时间。在汉密尔顿的亲自监督下，这支运输队总算重新装船完毕，姗姗来迟。不久，由德·罗贝克发出了汉密尔顿的"联合行动命令"。英法海军与陆军部队开始进行登陆演习。

联合舰队的进攻时间，终于确定在4月25日上午。联军并不清楚，土耳其的军事指挥权已经易主。就在联合舰队3月的那一次总攻过后，土耳其政府便把加里波利半岛的指挥权交给了德国军事使团头目桑德斯将军。上任之后的桑德斯将军把所有能用的火炮都调到了加里波利半岛，又加强了要塞的火炮力量，并调入一支步兵师参战。桑德斯对土耳其士兵进行了强化训练，并且命令土耳其人在联合舰队所有可能登陆的滩头处，都挖筑好相互连接的堑壕。

土耳其人在战壕里挖掘，他们的面容很平静，给人一种临危不惧的感觉。让他们更加安心的是要塞和岸边密布的机枪火炮火力点和连绵不断的铁丝网。有了这一切，这些土耳其人什么都不怕了。

功亏一篑，土耳其的援军到了

英法联合舰队总攻的阵势非常强大，这天傍晚，200多艘英法军舰起航，它们运载着对博拉耶尔实施佯攻的约1万名海军步兵和要在库姆卡莱进行牵制性登陆的约3000名法国士兵以及在加巴泰普岬附近进攻的约3万名澳新军团士兵。准备在海勒斯角登陆的1.7万名英军也在其中。

漆黑的海面上，汉密尔顿和德·罗贝克乘坐"伊丽莎白女王"号，跟随着联合舰队主力舰队前行。按照计划,联合部队将在太阳跃出地平线之后,立刻展开攻击。

由于想打敌人一个措手不及,联军澳新军团的伯德伍德将军命令先头部队在黎明前就开始登陆。士兵们从战舰上下来,乘坐小船向预定海岸靠近,他们没有灯光引路,因而在黑暗中迷失了方向,偏离了位置,到达的是距离登陆地区以北1海里的地方。他们小心翼翼地查看环境,没有看到平缓的坡地,抬头望去只发现了陡峭的山崖。他们无比郁闷地背着武器弹药往上爬,不一会儿就遭到了在高处设防的土耳其人的步枪和机关枪的火力攻击。他们冒着枪林弹雨奋力攀爬,总算跌跌跄跄着上去了,因为附近的土耳其守军人数不多,他们没有遭受更强烈的攻击。

等到晨曦来临,登陆部队的主力跟了上来,他们看清这可怕的地形之后,纷纷倒吸一口冷气,心想这就是汉密尔顿选择的登陆点? 来不及抱怨,澳新军团小分队硬着头皮一支接着一支爬上岸边的山脊,好不容易登了上去,结果却发现:山那边是更为陡峭的山岭。澳新军团的登陆作战因为找错了地点而变得异常艰难。

按照作战计划,总数约5000人的英法联军部队应当分别在 V 海滩两翼的 S、W、X 和 Y 海滩登陆。X 和 W 海滩的战斗虽然艰苦,许多登陆艇被打得遍体鳞伤,但这两处海滩上的登陆部队都已顺利冲入内陆,并与土耳其军队展开了交战。站在“伊丽莎白女王”号的甲板上观察作战形势的汉密尔顿满意地点着头,命令“伊丽莎白女王”号绕过海勒斯角,他要去查看 V 海滩的战斗情况。

他举起双筒望远镜,对准 V 海滩观察时脸色大变。亨特·韦斯顿将军带领的约 3000 人承担着进攻海勒斯角的任务,他们的登陆点就是 300 米宽的 V 海滩。这是一个小海湾,边缘处比较狭窄,由沙滩往上地势逐渐升高,高处便是土耳其人的战壕,其东侧是塞迪尔巴希尔要塞。离海岸不远处,停靠着刚刚改装成步兵登陆艇的运煤船“克莱德”号。他们登上海滩之初还十分顺利,但短暂的平静背后是土耳其人猛烈的火力网。

战壕里和要塞的碎石工事后面的土耳其人痛下狠手,举起步枪和机关枪不断地向英国人扫射,暴露在海滩上的联军士兵纷纷倒地,有的还没能进行一次还击就被数不清的子弹射穿了身体。不远处的“克莱德”号也没

能躲避火力的攻击，船上的英国人躲在沙袋后面用机关枪反击，打一枪便缩回身体，沙袋都被打成了沙漏。没有

多久，岸边和几艘驳船上倒下了一具具英军尸体，他们的鲜血染红了岸边的海水，残破的尸体随着海水四处漂散。几个勇敢的登陆士兵刚刚冒着火力冲上陡坡，很快便中弹身亡。看到这样的惨状，藏在"克莱德"号上的近千人的后续部队开始慌乱，他们考虑该不该不要命地上岸。海滩的登陆作战一直持续到了暮色降临，土耳其狙击手的视线模糊，那些小艇里的步兵终于趁机冲上了海滩，"克莱德"号上的后续部队也冲了出来，往山坡上拥挤。他们一整夜都握着枪，时不时对要塞里的土耳其人放一枪。

这一夜，是英国士兵和土耳其人的不眠之夜。与此同时，冲上 Y 海滩的两营英军士兵被土耳其人发现了，遭到了土耳其人整夜的火力袭扰。他们终于熬到清晨，由于没接到进攻命令，立即乘小艇撤退。此时，其他海滩上的进攻部队仍在坚守。登陆作战坚持到了 27 日，总算有了一些起色，只要再加一把劲，联军就能攻入内陆。但此时的英军第 29 师的官兵已经 3 天没有睡觉了，他们无法再进行进攻。就这样，与土耳其军又僵持了一天，等到联军接到了继续进攻的命令，至此从博拉耶尔和库姆卡莱赶来的土耳其增援部队却到了，至此联军的总攻计划再次失败。

寸步未进，英法联军羞愧无比

汉密尔顿还不死心。8 月 6 日，他又选择了一个登陆地点，展开了登陆作战。他增派了两个师的兵力给澳新军团，命令他们在苏夫拉湾登陆，试图将加里波利半岛拦腰切断。但是，他们再一次对地理环境作出合理勘察。

在他们面前，矗立的是像刀子一样陡立的山脊和一道道无法逾越的沟壑，攀爬技术不好的士兵不是摔成重伤，就是摔死。

一个由英国人和尼泊尔人组成的混合营顺利爬上了高处，迎接他们的是土耳其人的枪口，于是他们进行了艰难的抵抗，与眼前的土耳其人展开拼死厮杀。机关枪突突作响，随后又是肉搏战，每个幸存的士兵身上都裂开了血口，汩汩地往外淌着滚烫的血。他们终于到达了制高点，俯视着达达尼尔海峡只一会儿，周围又响起了一阵炮火声，这次他们遭到的是爆炸力极强的炮火轰击。他们只有躲避并没有还击，并且一直坚守阵地，可是凯末尔带领的土耳其军队却冲了上来。

凯末尔也3天3夜没有睡觉了，但为了驱逐英法联军，他严厉地命令精疲力竭的土耳其士兵进行反击，土耳其人经过一场血拼，把英国人赶回了滩头。这次的作战使协约国部队尤其是英国军队蒙受了重大损失，而各个协约国部队之间配合不当，没有默契，且领导不力，是汉密尔顿的计划再次失败的原因。此后，土耳其和协约国军队的战斗进入了僵持阶段。比登陆作战要顺利的，是协约国的潜艇活动。从4月底到12月期间，数量不多的英法潜艇艇员经常驾驶小小的潜艇出航，穿过达达尼尔海峡进入马尔马拉海巡逻并寻找机会对土耳其船队实施打击。在马尔马拉海，他们用一两艘潜艇的火力袭击了土耳其的船队，这种袭扰一直续了约7个月。此外，这些潜艇袭击了一些运送补给的土耳其船只和后勤部队，还炸沉了两艘停泊在君士坦丁堡的军舰，时不时寻找机会对土耳其海岸进行小规模袭扰。这种袭扰，一度让土耳其放弃了海上输送权，而改用骆驼或者牛车运输大部分的补充物资。

双方的僵持作战，一直坚持到了11月。此时的协约国部队再也打不起精神了，在动用了近50万英法士兵，付出了近25万人伤亡代价之后，他们居然没有将战线往前推进一米。这令他们感到无比沮丧和羞愧，目前他们只有一个选择：撤退。

无奈撤退，作战将领蒙羞受罚

协约国的英法联军精心制订了撤退计划，首先让澳新军团的士兵与平时一样对土耳其要塞实施步枪和火炮射击，多次攻击之后，使土耳其人对他们随时进行下一轮攻击深信不疑。接下来的 5 个夜晚，各国部队按照事先确定好的时间表组织撤退。在此期间，留在岸上的人，在 4 个白天都继续进行火力攻击，并且伴装人员充足。此外，英国派出狙击手在白天威慑土耳其人，被其精准的枪法吓着了的土耳其人不敢在白天出来侦察，自然也无法识破英国人布下的伪装。

忽然有一天，土耳其人发现澳新军团不见了。他们疑惑地下来查看阵地才发现他们已经全部撤退了，不禁大感意外。为了不让更多的联军逃走，土耳其赶紧加强了海勒斯角的兵力，土耳其这才发现，海勒斯角地区的大部分英军也成功撤退了。

面对余下逃走的联军，土耳其人发动了猛烈进攻，但他们毕竟不擅长这离开要塞和战壕作战，只能眼睁睁地看着英军继续撤离。在 1 个多星期里，英国军队顺利地撤走了全部步兵和炮兵，没有遭到土耳其人更多的追击和火力打击。

土耳其人不是没有能力追击，而是他们对于联军部队的武器火力有些畏惧。而且，联军部队的撤离其实是他们一直期盼的结果，只要能守住达达尼尔海峡，他们就已经出色地完成了使命，没必要再进一步对付联军部队从而浪费子弹和炮弹。

由于联军部队在撤退时纪律严明，并严格遵守了时间安排，这次撤退被认为是战争史上最出色的一次两栖撤退。尽管战争的结果是失败，但他们也没有完全输掉颜面。

战场中的土耳其士兵

虽然国家的颜面勉强保住了，失败的将领却无法洗清一身污点。惨败之后，协约国的许多高级决策者受到责罚。丘吉尔因此战失败，而名誉扫地，被逐出了海军部；汉密尔顿从此失去了战地指挥权；基奇纳被剥夺了主持战争委员会工作的权力；时任英国首相的阿斯奎则由于参与了土耳其达达尼尔战役的决定，一直遭受白眼。

凡尔登决战，残酷的"绞肉机"

战争到了 1916 年，德意志帝国决定把进攻重点再次转向西线打败法国，德军统帅部选择法国的凡尔登要塞作为进攻目标。凡尔登一战是典型的阵地战、消耗战，双方伤亡近 100 万人。由于伤亡惨重，凡尔登战场被称为"绞肉机""屠宰场"和"地狱"。此战让法国受到重创，而德军的动脉也被割断了。

法金汉的小算盘

马恩河战役受挫之后，施利芬计划也随之流产。德国参谋总长法金汉主持调整了新的作战方针，东线主要是防御，而西线重点则是突击进攻。

法金汉认为，法国的贝尔福与凡尔登将是德法决定胜负的地方。

凡尔登对德军而言并不陌生，它位于法国东北部，与德国接壤，居住着 1.4 万人，被大规模的堡垒团团围住，地势险要。法军的凡尔登要塞依山而造，周围环绕着严谨精密的炮台，防御工事极其坚固复杂。它居高临下，对进入法国北部的德军侧翼形成极其严重的威胁，素有"法国东方门户""巴黎钥匙"之称。

躲在战壕中的士兵

凡尔登是通向巴黎西北入口的大门，如果能攻破这里，进入巴黎也就畅通无阻了。无论如何，凡尔登都有着非同一般的重要性，德军必须不惜代价将其尽快拿下！

为了首先保证占据压倒性优势，法金汉收集了所有散落在俄国、巴尔干半岛以及工厂里的大炮，将其整整齐齐摆放到凡尔登战场周围，仅 12 公里长的战线上紧紧排列着千余门大炮，严阵以待。在人员上，德军先锋部队有 10 个师共 27 万人，比法国守军的两倍还多。法金汉对这样的实力对比感到满意，给即将发生的这次战役取了个"处决地"的行动代号。

贝当将军

1916 年 2 月 21 日，德军的炮声拉开了大战的序幕，沿着 6 英里长的战线，隐蔽在部队后方的德国炮群伴随着闪光耀目的信号弹一起轰响。这种高速度的炮弹以每小时十万发的密集程度展开轰炸，将凡尔登防御阵地轰成一片火海，法军的前沿战壕全部炸平。

一次接一次的炮火攻击，使得凡尔登周边狭小的三角地带被完全摧毁，森林也陷入了一片火海，高耸的山头在炮弹的威力下遭到破坏，隐藏在高地后面的法军无处可逃，赤裸裸地暴露在德军炮火下。

法金汉

侥幸逃生的法军突然听见一阵喊杀声，只见浩浩荡荡的六个德军步兵师正挥刀向法军防线砍来。这些来自阿尔及利亚的法国轻步兵，习惯了炎热殖民地的生活，天气的严寒让他们饱受折磨，而今强敌压境，眼看凡尔登就要失守，这些坚强的战士们咬紧了已经被冻得麻木的双唇，与德军展开殊死搏斗！他们面对德国强大的攻势丝毫没有畏惧，斗志高昂，在已成灰烬的战场上与敌人徒手近身搏斗。尽管德军一次次冲锋上来，但都被他们用手中的刺刀、身躯给挡了回去。

两天激战已过，寡不敌众的法军凡尔登前线防御阵地完全被德军控制。第二天，德军以锐不可当之势突破了法军主要防线，一举俘获一万名法国俘虏,缴获大炮、机枪无数,德军所到之处全被碾平。

巨大的"绞肉机"

法国元帅贝当心急如焚地来到还没被全部攻占的凡尔登,察看被摧残得所剩无几的防御系统。看到前沿阵地腥风阵阵,暗色血液流在脚下,贝当心头一阵发紧,情况比他想象的还要危急,凡尔登正面临着被全线包围的危险。

贝当面对为数不多瑟瑟发抖的士兵,沉默地在地上划出一条督战线,然后威严地下了死令:出了这条线,就不允许回来,如果有敢退阵的人,一律处死!贝当立刻召开了军事会议,找出保证援军到达和补充供给的通畅路线。

仅仅过了两天,一条被法国人称为"圣路"的公路,源源不断地通过了6000辆汽车,19万援军火速运来,2万多吨物资堆积如山,这次补充行动完成得相当迅速和出色。于是战场上法军的士气大涨,军力恢复,如此迅速的支援让德军大吃一惊。

3月5日,大规模的战斗全面展开。德军炮火依旧凶猛,吞

凡尔登"绞肉机"

吐着令人胆寒的火焰，德国步兵在此掩护下，形成 30 公里战线，一举向法军发起冲锋。　　　　　　　　　　　　　　　　　　一战的士兵在行进中

　　法国这边的大炮也发出了复仇的怒吼！炮声隆隆，无数炮弹遮天蔽日地射到德军阵地，法军阵地用各种炮火阻击德国步兵的攻势！

　　这一次冲锋，德军死伤严重，肉身毕竟抵不过子弹，盲目冲锋只会带来更加惨重的后果。法金汉改变了作战策略，不再要求全面进攻，而是把兵力聚集到一侧，进行侧翼突击。这次稳扎稳打的进攻使得德军冲上了沃堡垒，但密集的法军使得他们仅仅推进了不到 2000 米。

　　4 月天气回暖，气候潮湿，此时德军已经和法军战斗了 70 个昼夜。法军防线没有被突破，德军攻势也没有削减，这样惨烈的拼杀一直持续到了 7 月，残酷的拉锯战使得双方都承受着恐怖的生命损失的代价，每天密集的高爆炮弹炸开的时候，不仅大地颤动，人体碎肢和被炸坏的武器以及石块也被抛到空中。

　　爆炸带来的热浪甚至融化了底层积雪，许多被安置在此的伤病员因此被淹死。惨不忍睹的景象无法用文字来描述，到处是双眼失明或者断手断脚、血肉模糊的士兵，他们四处摸索，却找不到一处安全的地方。

　　凡尔登战役犹如一架巨大的绞肉机，把士兵成群结队地塞进去，最后连骨头都呈碎渣状被抛掷在战场上！

　　如果就此继续拉锯下去，只会导致无休无止的牺牲和伤亡，此时，形势的扭转是一枚歪打正着的炮弹造成的。

1916年9月，遭轰炸8个月后的凡尔登

原来，德军隐藏了大量弹药在荒无人烟、幽深僻静、树木葱葱的斯潘库尔森林里，这个秘密兵工厂装载着四十五万颗大口径炮弹。

这部分弹药被德军当作有备无患的最后武器，也是他们敢于一直开展高火力枪炮战的底气。法国一个炮手发射时不小心瞄准出现偏差，将炮弹射向了这个弹药库，而德军也不小心在弹药库里留了个引信。于是轰的一声，火光冲天而起，这次爆炸比任何一次都猛烈，两军士兵都惊慌万分。地动山摇、草飞木拔的景象使所有人感觉恍若末日到来。

确实有一个人感觉末日到了，那就是德军统帅法金汉。他知道那不是天灾，那是他赖以进攻的弹药库爆炸了。

从此因为缺乏炮弹，德军的许多大口径大炮只能被废置，德军很快就被法国炮兵摧毁，实力一下减了大半。

5月1日，力挽狂澜的贝当离开凡尔登前往中央集团军群指挥，接替他的是意志坚决的罗贝尔将军，这位将军也是个只进不退的家伙。"让他们无法通过！"这句口号响彻法军阵营，每当开战时便有成千上万的法国士兵怒吼这句话。

10月24日，法国看准德军难以两头兼顾时机，便动用17万士兵，700多尊大炮以及150架飞机，进行了开战以来第一次大规模的正面反攻，杜奥蒙炮台再度回到了法军手中。从此刻开始，德军被一步步打了回去。

这次战役，法军伤亡人数达55万人以上，德军也受到了几乎跟法军一样的重创。法金汉的战术不仅流光了法国人的血，也把德国的动脉给割断了。这位瞬间苍老了数年的主帅颤颤巍巍，没做任何辩解，回国之后立即辞职。尽管他的职位有人接替，但是此时的德意志帝国已失去了强劲的进攻势头。

凡尔登战役使得德国从兴盛走向衰败，因为伤亡人数惨重，战况惨不忍睹，此次战役被后人称为"绞肉机""屠宰场""地狱"和"死地"。

日德兰大海战，一战最大的海战

日德兰大海战是战争中最大规模的海战，也是交战双方唯一一次全面出动舰队主力的大决战。最终，德国公海舰队以相对较少吨位的舰只损失，击沉了相比更多的英国舰只，从而取得了海战战术上的胜利；而英国皇家海军本土舰队成功地将德国海军封锁在了德国港口，使得德国海军在后来的战争中几乎毫无作为，也使英国海军取得了战略上的最终胜利。

赖因哈德·舍尔的计划

1916 年 1 月的一天，德国海军将领赖因哈德·舍尔的心情无比畅快，他坐在书桌前琢磨着海军作战地图，头脑里回味着刚刚接到任命书的美妙时刻。就在刚才，他被任命为公海舰队总司令——他的前任波尔上将因身体欠佳退休了。没有想到，自己一展抱负的时机这么快就到了。

他首先想到的，是如何提高目前德国海军的实力。由于德国海军在舰只数量和排水吨位上落后于英国，火炮口径和数量也较弱，因此德国海军在一战开始后的两年半时间里，都无法冲破英国的海上封锁。那时的英国主力舰队一直驻守在斯卡帕弗洛港，死死盯着德国舰队，这使德国舰队困在威廉港和不来梅港不敢出航，这实在是窝囊。而在 1915 年的多格滩海战中，德国舰队遭受了挫败，这令德国海军更加抬不起头来。

尽管从那之后德国海军进行了休整，而且加强了装备，但到他赖因哈德·舍尔接任时，德国公海舰队仍只有

赖因哈德·舍尔

18 艘战列舰，与英国皇家海军本土舰队总数 33 艘战舰还是无法相比，差距是如此巨大。如果非要与英国皇家海军本土舰队一决高下，舍尔知道，下场恐怕会很惨。

面对这种状况，赖因哈德·舍尔冥思苦想，终于想要一个解决方案。他发现德国舰队的现实选择只有两个：一是继续待在港内充当"摆设"，二是想方设法干掉英主力舰队。他胆大心细，自然不愿选择前者，为此，他开始制订一系列计划，计划的重心在于削弱英国皇家舰队的实力，使其降至与自己舰队的水平相当程度。

要实现这个目标存在着很大困难，但是赖因哈德·舍尔提出了有实现可能的构想：派出潜艇在英军基地附近布雷，在海峡入口处不停地来回穿梭，同时命令德国战舰使用计谋诱使英舰队先分散舰队，然后再集中火力将这些分散的英国战舰逐一歼灭。

约翰·杰利科

这种战略，很有点儿海上游击战的味道。赖因哈德·舍尔是愿意冒险的，因为一旦战略部署成功，再有那么一点儿运气的话，德国就能从英国那里夺得北海控制权，即使自己打败了，德国舰队的境况也不会更糟，总比毫无作为地当缩头乌龟要好得多。

另外他也清楚，英国舰队是输不起的，一旦它在海上失利，就失去了一切优势。何况英国作为协约国战争物资的主要运输基地的地位很重要，所以即使实力强大，英国皇家海军舰队也不敢在战略上冒险。

当赖因哈德·舍尔拟订好作战计划准备付诸实施时，英国皇家海军却在约翰·杰利科的带领下终日在北海搜索，他们也在寻找战机，准备对德国舰队搞突袭战，企图一举歼灭之。

赖因哈德·舍尔并不示弱，他兴致勃勃地集结德国舰队首先展开行动，于 1916 年 4 月下旬带领一支德国海军编队出海，炮击了洛斯托夫特港。德国战列舰行动很迅速，一进入港口就开始发射炮弹，这高高的抛物线炮弹从海面上空划过，十分耀眼，直直坠落在港口内的英国留守船只上，炸起一连串的火花，一阵爆炸声过后，德国海军编队在赖因哈德·舍尔的命令下没有恋战，立刻驶出了港口返航。

约翰·杰利科马上行动，命令舰队去滋扰，却没能引诱到赖因哈德·舍尔带领的舰队上钩。一个月后，赖因哈德·舍尔策划了新的行动，进入挪威南部水域，在那里准备发动一次对协约国运输船的袭击，主要目的是要将几艘英国军舰吸引过来歼灭之。那么英国人会上当吗？

"诱饵战术"获得成功

这是 1916 年 5 月 31 日凌晨，漆黑的海面上能见度很低，威廉港外的德国哨兵隐隐约约可以看到几个庞然大物的影子漂浮在水上，渐渐地，他们看清了这些影子，原来是由 5 艘战列巡洋舰、5 艘轻型巡洋舰和 30 艘驱逐舰组成的一支舰队。

这支舰队是由德国弗兰茨·冯·希佩尔海军中将指挥，在这个时候出航是为了执行赖因哈德·舍尔下达的"诱饵"任务。舰队在夜间航行是比较危险的，弗兰茨·冯·希佩尔命令士兵们要提高警惕并且要小心暗礁，舰队一路沿着丹麦西海岸向北行驶，目的地是斯卡格拉克海峡。看似平稳的航行

英国舰队

中，德国舰队各个战舰的无线电发报机在不停地工作，不断发报，唯恐这些电报不会被英国人截获似的。实际上，早在1915年俄国就打捞起一艘沉入海底的德国巡洋舰，并在这艘战舰的残骸上发现了一个密码本，那里面记录了德国人使用的密码。这个密码本后来被英国人得到，此后英国人对德国舰队的行动就了如指掌。但是英国人不清楚的是，德国人早已知道了这一情况。此时赖因哈德·舍尔决定将计就计：他就是故意发出电报，引诱英国人上钩。

猎人已经放置好了陷阱，赖因哈德·舍尔开始了行动。就在弗兰茨·冯·希佩尔出发两个小时后，德国的另一支舰队也悄悄驶出了威廉港。这支舰队是由21艘战列舰、6艘轻型巡洋舰和31艘驱逐舰组成的，比弗兰茨·冯·希佩尔将军带领的队伍大得多。它就是由赖因哈德·舍尔亲自率领的德国公海舰队主力。赖因哈德·舍尔此刻下达的命令很简单，就是让舰队悄无声息地航行，远远跟着弗兰茨·冯·希佩尔的"诱饵"舰队，安静地潜伏在距离50海里的地方。舰队上的士兵精神高度紧张，没有一个人敢大声说话，都在各自的岗位上严阵以待，眼睛瞪得溜圆，火炮也准备停当，随时可以开火。按照赖因哈德·舍尔的指示，这支主力舰队所有的无线电发报机都停止了工作，其情景与弗兰茨·冯·希佩尔舰队大张旗鼓的行为相反，必须保持严格的无线电静默。此时，他们正在等待上钩的鱼儿——英国皇家海军。

光有这些依然不够，赖因哈德·舍尔还另外集结了一支由16艘大型潜艇、6艘小型潜艇以及10艘大型"齐柏林"飞艇组成的保障部队，事先安排在英国海域和北海海域，展开监视活动，随时向他报告英国海军的动向。

此时英国人在哪里呢？实际上，他们前一天傍晚就从斯卡帕湾和苏格兰湾的基地出航了。英国皇家海军比德国人预计的时间更早就监听到他们的无线电情报，并且成功破译了密码。约翰·杰利科在得知德国舰队出击的消息之后，便立即下令舰队出航驶到指定方位，在那里设下了一个伏击圈。

此时的赖因哈德·舍尔和约翰·杰利科都兴奋地认为，自己的"诱饵战术"获得了成功。德、英两支舰队都在海面上做着同样的事情：等待对方进入自己的伏击范围。

日德兰海战中，英军皇家"橡树号"战列舰

准备痛快地打上一仗

天已大亮，阳光穿越云层照射在海面上，灼灼的光线明晃晃地射入德国士兵们的眼睛，他们吃力地凝视着前方的海域，却没有一点儿蛛丝马迹。此刻英国皇家海军中的一小支队伍正在靠近德国舰队，它是由 4 艘战列舰和 6 艘战列巡洋舰组成的，指挥官是戴维·贝蒂将军。与弗兰茨·冯·希佩尔所带领舰队的任务相同，这支舰队也是来诱敌深入的。两支先遣舰队都派出了轻驱逐舰进行侦察，侦察兵已经工作了几个小时，双方仍然都没有发现敌人的踪迹。由于没有发现敌情，戴维·贝蒂将军准备去与英国主力舰队会合。

5 月 31 日 14 时，戴维·贝蒂将军的舰队到达了合恩礁以北海域，他下令舰队转舵向北行驶，开向与主力英国舰队会合的区域斯卡格拉克海峡，按照计划，他们将于傍晚抵达。但是由于自己的舰队的计算错误，戴维·贝蒂舰队所在的位置实际上并不是约翰·杰利科指定的方位，而是处于指定方位以西 19 海里的地方。这段距离看似很近，却需要一个多小时航程。但就是这点差距，却让戴维·贝蒂距离德国舰队越来越近了。

戴维·贝蒂并不知道，弗兰茨·冯·希佩尔海军中将率领的德国前卫舰队就在这支英国前卫舰队以东 35 海里的海面上，他们正在按照平行的航线向北行驶。而且距离弗兰茨·冯·希佩尔舰队40海里之外，舍尔海军上将率领的德国公海舰队主力正在安静尾随其后。看来，英国舰队可能要首先进入德国舰队的伏击圈了。

这时的英国人和德国人谁都不知道，他们已经相距不远了。直到十几分钟之后，互不相知被打破，戴维·贝蒂看到执行侦察任务的英国轻型巡洋舰发出"发现敌人"的信号，他立刻命令所有战列巡洋舰向东南方向加速。一时间，所有的英国战列巡洋舰都发出嗡嗡的声响，士兵们纷纷忙碌起来。埃文·托马斯属下的4艘英国战列舰由于其烟囱里冒出的浓烟挡住了戴维·贝蒂转向的信号，他的命令稍微晚了几分钟。此时，蔚蓝的天空下，开足了马力的英国战舰乘风破浪，冲向敌舰，由于马上就要与德国人交战，甲板上的水手们和士兵们一个个情绪激昂。

终于在15时25分左右，德国战舰的轮廓出现在了戴维·贝蒂的视线内，那正是弗兰茨·冯·希佩尔率领的战列巡洋舰。戴维·贝蒂兴奋地翘起嘴角冷笑道："弗兰茨·冯·希佩尔，我等待这个机会已经一年半了！现在，我决不会再让你从我手中跑掉了！"因为在一年半之前的一场海战交锋中，弗兰茨·冯·希佩尔在战败的情况下从戴维·贝蒂的眼皮子底下溜走了，这让心高气傲的戴维·贝蒂一直耿耿于怀。

日德兰海战中，遭到重创的德国"塞德里茨"号战列巡洋舰

戴维·贝蒂下令手下的英国舰队加速追上去，在对比了一下彼此的实力之后，他再次露出了胸有成竹的笑容。他有6艘战列巡洋舰，而弗兰茨·冯·希佩尔只有5艘，另外他还有埃文·托马斯的4艘无畏级战舰，如果地平线以外约翰·杰利科的24艘英国无畏级战舰接到消息迅速赶来，弗兰茨·冯·希佩尔就更加没有逃生的可能了。

而此时，弗兰茨·冯·希佩尔也发现了戴维·贝蒂的英国舰队。但他在惊讶之余没有恐慌，而是立即命令手下的德国舰队转舵，向反方向前进。戴

重现日德兰海战图

维·贝蒂看着他的行动嗤笑道："哼，弗兰茨·冯·希佩尔，你这次又要逃回亚德湾吗？"他不以为然地命令英国舰队跟随，企图切断德国舰队逃跑的后路。

但是这一次他失算了，因为他不知道在弗兰茨·冯·希佩尔身后还有赖因哈德·舍尔带领的德国主力舰队。弗兰茨·冯·希佩尔转向，目的就是吸引戴维·贝蒂追击，这样英国人就会进入赖因哈德·舍尔指挥的德国主力战列舰伏击圈了。接近16时的时候，德、英两支舰队彼此之间的距离缩小到了约1.2万米，弗兰茨·冯·希佩尔和戴维·贝蒂同时下令舰队改为平行航线，他们要开始准备炮击了。接下来，双方侧舷几乎同一时间发射出炮弹，响声震天。

双方激烈地交火

德国炮手和英国炮手的操作速度都很快，装弹的速度也很快，他们任凭身边的炮火炙烤着甲板和炮台，心中只有如何才能更加准确地击中对方的想法。

几分钟后，双方的炮火都击中了彼此的旗舰"狮子"号和"赛德利茨"号，两艘战舰上的回转炮塔也都被打掉了一个。接下来，德国人的炮火更加猛烈地袭来，英国战列舰"不懈"号中弹了，一声冲天巨响，它的弹药舱被引爆，爆炸声震耳欲聋。戴维·贝蒂眼睁睁地看着它倾斜沉没了。

20 分钟后, 英国的又一艘战列舰 "玛丽女王" 号身负重伤, 击中的炮火引发了多起爆炸, 挣扎了几分钟后, 又在更猛烈地炮火中被炸成碎片, 顷刻之间化为一股浓烟消失在海面上。戴维·贝蒂被如此惨状震撼, 他禁不住纳闷, 自己的战列舰怎么如此不堪一击呢?

　　戴维·贝蒂知道英国战列舰的装甲、射击技术和炮弹的爆炸力都不如德国军舰。

　　看着部下们吃惊的表情, 戴维·贝蒂其实心里有数。他连忙催促后面的埃文·托马斯带着 4 艘无畏级战舰赶快过来。16 时 30 分左右, 埃文·托马斯的舰队赶了过来了, 这 4 艘无畏级战舰开始集中火力攻击德军的战列巡洋舰。德国的弗兰茨·冯·希佩尔一看情况不妙, 准备转向。此时, 最前方的英国驱逐舰逼近了德国舰队, 准备发射鱼雷。弗兰茨·冯·希佩尔迅速掉转方向, 驶向德国主力舰队。与此同时, 戴维·贝蒂接到了侦察的英国轻型巡洋舰的报告: "东南方向有大量德国战列舰!" 贝蒂反应迅速, 马上下令停止攻击, 原地待命。不久, 南部地平线上出现了长排桅杆和烟囱, 他恢复了平静, 是英国皇家海军主力到了。戴维·贝蒂毫不犹豫地发出了让舰队反向行驶的信号, 准备将赖因哈德·舍尔的德国舰队和弗兰茨·冯·希佩尔的德国

浓雾中的英国舰队

舰队都引入约翰·杰利科的炮火之下。此刻埃文·托马斯带领的 4 艘英国无畏级战舰落在了后边。

此时，同赖因哈德·舍尔的德主力战列舰会合之后的弗兰茨·冯·希佩尔，带领德战列巡洋舰再次反向冲向英舰，他盯住埃文·托马斯直冲了过去，并开始进行炮轰。与此同时，赖因哈德·舍尔的战列舰队也冲了过去，对英舰炮击，埃文·托马斯也猛烈反击，下令："开火，开火! 给我狠狠地打!"

此时炮战非常混乱，戴维·贝蒂和埃文·托马斯被弗兰茨·冯·希佩尔和赖因哈德·舍尔紧紧咬住，四支舰队火力网相互交错，炮火不断。而约翰·杰利科正下令手下的英国舰队加速行驶，赶来和戴维·贝蒂会合。

在行驶中，约翰·杰利科思考着如何切断赖因哈德·舍尔的后路，他准备把自己的 24 艘英国战列舰排成一列，切断赖因哈德·舍尔舰队撤退至斯卡格拉克海峡或者进入基尔运河的路线。但是他没有办法得知赖因哈德·舍尔舰队的准确位置，由于前方战况激烈，传来的戴维·贝蒂所在位置的消息也不一定可靠，而炮火和浓烟挡住了地平线，也无法进行天文定位，他迟迟不能决定是否应该执行这个计划。

海战中，英德双方厮杀激烈

到了 18 时左右，约翰·杰利科站在他的旗舰"铁公爵"号上已经能看到戴维·贝蒂手下的英国军舰了，但还看不到德国人的舰队。戴维·贝蒂的舰队仍然在不断射击炮弹，与弗兰茨·冯·希佩尔进行激烈交火，企图用炮火将德国人逼向东面方向，给约翰·杰利科的英国主力战列舰让出道路来。约翰·杰利科命令舰队展开，跟上戴维·贝蒂的战列巡洋舰参与战斗，此时，德国舰队即将面对实力强大的整个英国主力舰队了。

被动挨打的德军惊慌了

　　傍晚的海洋逐渐朦胧起来,大雾开始笼罩海面,遮挡住了两支舰队的视线。在大雾弥漫的掩护下,英国主力舰队开始行动了。

　　在戴维·贝蒂的先头舰队的引领下,约翰·杰利科命令舰队向东行驶。偏巧,这支向东行驶的英国战列舰舰队正好从由西南方向驶来的赖因哈德·舍尔舰队的前面驶过,于是获得了抢占"T"字横头战术的主动权。但遗憾的是,这时的海上大雾飘散,约翰·杰利科没有发现自己已然抢占了"T"字横头,从而没有发动炮击,白白失去了将德国人重创的机会。

　　在迷雾中,赖因哈德·舍尔同样也看不清眼前的局势,除了对面的炮口火焰的闪光让他知道英国舰队近在咫尺,他对于自己此刻危险的处境毫不了解。

　　双方舰队在迷雾中都发射了几枚试探性的炮弹,由于害怕遭遇不测,又都准备撤出战斗。但是约翰·杰利科是个小心谨慎的人,他在看不清战况的情况下不想冒险,因为一旦遇到意外,英国皇家海军将会陷入被动。目前不算胜利也不算失败的情形是最好的,英国舰队没有遭受太大损失,如果想要教训德国人大可等到大雾散了之后。

　　于是约翰·杰利科只是下令自己的舰队继续向东行驶了一会儿,就给各分队下达了向南行驶去封锁德国人回亚德湾基地退路的命令。这是更加保险的策略。可是赖因哈德·舍尔并不知道约翰·杰利科此时的想法,他还在犹豫要不要顺着英国舰队的后方返回基地去。不过,最后他还是命令德国舰队转向东行驶。

　　巧合的事情再次发生。向东转向的德国人在浓烟和迷雾中视线模糊,他们在这条线路上行驶不一会儿,却正好迎头对准了英国舰队的中央。这样一来,英国舰队又对德国舰队形成抢占"T"字横头的局面。这一次,约翰·杰利科总算看到了德国战舰的轮廓,因为德国舰队正好处于背向日落的方向,夕阳的余晖透过迷雾照射下来,让德国战舰隐约显露在他们面前。

　　而此时德国舰队是看不清浓雾中的英国舰队的。约翰·杰利科立即让舰队稍稍调整航向以便缩短射程,当行驶到距离德国战舰约 4 英里的位置时,他立即下令开炮。英国舰队就像幽灵般地从薄雾中钻到德国人面前,舰炮齐射，炮火轰击了两轮，最前列的德国战舰都被击中，强大的炮火使德国炮手们借着炮火的亮光也没能看清眼前的英国战舰。

被动挨打的德国人有些惊慌了。赖因哈德·舍尔不想等到德主力舰队万劫不复再撤退，于是立即下令施放烟幕弹和鱼雷，命令全体舰队往后撤。在烟幕和大雾的掩护下，德国舰队再一次倒转航向，战战兢兢地逃离了英国人的火力网。可是，他们能逃脱吗？

大海战的最后一幕

夜幕降临的海面显得十分诡异。约翰·杰利科没有下达追击德国舰队的命令，他知道，在夜间用鱼雷和水雷进行夜袭战是德国人的长项，如果贸然追击，也许会得不偿失。他的战舰上大炮的射程较远，不适合对付偷偷摸摸的德国鱼雷艇。于是，"小心驶得万年船"的约翰·杰利科下令英国舰队转向，等与德国人距离拉大了，再掉头跟踪德国人。

他的如意算盘是：派遣舰队去封锁水道，将赖因哈德·舍尔的德国舰队围堵在返回其本土基地的航线外，等待白天与其决战，将其围歼。在进行战略部署时，他心情愉快地说道："那将是皇家海军精彩的一天！"按照计划，英国舰队被改编成三个平行的纵队，驱逐舰被部署在距船尾 5 英里的地方，以防范鱼雷攻击。

晚上 9 点多，约翰·杰利科带领英国舰队向南行驶，巡视海面上有无可疑情况。同时，他派出了一支布雷艇队，行驶到丹麦海岸外面布雷，想用水雷封锁合恩礁水道。合恩礁水道正是德国舰队可能逃遁的三条途径中的一条。

德国人也绝不是傻瓜，已然考虑到英国人会在他们回家的路上设伏。他们知道，如果不趁着英国人还没有完全封锁好他们回去的路，迅速在夜间突围，那么天亮之后，就更加没有希望了，约翰·杰利科再也不会放过他们了。

赖因哈德·舍尔进行了仔细分析和推算，果断下令德国舰队驶往东南方向，他选择的就是合恩礁水道返回基地的这条路线。因为他知道，其他航线上，也许会有更多的英国战舰在等待着他去自投罗网。不论怎样，他都必须冒险。

为了保证德主力舰队能够顺利通过，赖因哈德·舍尔命令所有的驱逐舰出航，前去拦截英军主力舰队。差不多 9 点到 10 点的时候，德国驱逐舰都在水面上寻找着英国主力舰队的踪迹。其实这时，他们与英国主力舰队相距不过 4 英里多，但由于两支舰队都是按照大致平行的航线在航行，因而谁也没有发现对方。

日德兰海战，一战中规模最大的海战

11 点钟左右，德国驱逐舰在黑暗中依稀发现了从英国舰队上发出来的灯光。他们立刻扑了过去，没有按照传统的队形展开攻击，而是各自占据一个方位，从不同的方向炮轰英国战舰。炮火从四面八方响起，夜色中的英国人，一时间没有弄明白是怎么回事。英国人试图弄清楚德国舰队的阵型，但前后左右都有炮弹抛射过来。炮火猛烈而且不间断，这使约翰·杰利科困惑不已，使他好久都没有发出正确的迎战指令。

就这样，日德兰大海战的最后一幕拉开了。黑色的天幕下，照明弹、探照灯和舰艇中弹的火光将士兵们的脸映照得清清楚楚，在大部分的时间里，英国炮手都没有确定准确的目标就发射了炮弹。他们身处黑暗中，各个舰队只能通过自己遭受到的攻击来判断敌人的方位。这样一来，被德国战舰围在中央的英国战舰出现了混乱，它们的炮火朝各个方向飞出去，有些没有击中敌舰，却落到了自己人身上。

混乱中，英国的巡洋舰"黑王子"号误把向它驶来的几个巨大黑影当作了友舰，发出了联络信号，结果招致了一顿炮轰。原来，这几个黑影是 4 艘德国战列舰，它们对着"黑王子"号一阵齐射，"黑王子"号顿时变成了一个火球，800 多名水手刚听见震撼夜空的爆炸声中，就被巨大的力量抛向了海里。而其他的英国战舰虽没有这般悲惨，但也遭受了不同程度的攻击。

过了有一会儿，英国舰队才反应过来，开始与德国舰队展开混战，见战火胶着，赖因哈德·舍尔便命令德主力舰队往外围行驰。英国鱼雷舰艇此时击中了德国战列舰"波梅恩"号、轻型巡洋舰"弗劳恩洛布"号和"罗斯托克"号。由于舰艇比较陈旧，"波梅恩"号丧失了战斗力。几个回合下来，英国损失了5艘驱逐舰，德军的驱逐舰则损失了2艘。

双方的炮战一直持续到第二天凌晨，此时德国人总算杀开了一条血路，急忙驶往合恩礁水域。此时赖因哈德·舍尔额上开始冒冷汗，因为合恩礁水域除了有不久前英国舰队布下的一些水雷，还有德国海军出于防御布下的无数水雷，而且水雷阵布得极不规则，犹如迷宫。

德国人曾想让这片水雷使企图偷袭威廉港的英国军舰有去无回，这里只有一条狭窄水道可以通过，赖因哈德·舍尔神经紧绷，小心翼翼地指挥舰队排成一列纵队，一艘紧跟着一艘，慢慢驶过雷区，万幸没有发生什么意外。

至此，德国公海舰队终于摆脱了英国主力舰队。凌晨4点多钟，约翰·杰利科收到了前方侦察通报，得知赖因哈德·舍尔的舰队已安全通过了合恩礁水道，回到了威廉港。他失望地带着他的英主力舰队返航，不甘心地望着合恩礁水域。

争议中的杰利科

杰利科的任务是赢得海战胜利，让英国海军对德国海军保持了绝对优势。所以他为了赢取海战胜利，而将舰队置于危险中是不负责任的。杰利科没必要用他的舰队去冒险，他只需要采取稳妥的战术，在确保英国舰队实力的前提下，给德国公海舰队造成创伤就可以了。

由于杰利科"轻易"放跑了德国主力舰只，使他遭受到英国国内的巨大非议。人们普遍认为英国主力舰队辜负了英国海军部，辜负了舰队全体官兵，辜负了英国人民的期望。1917年平安夜，约翰·杰利科突然被英国首相劳合·乔治解职，公正地说，虽然赖因哈德·舍尔在日德兰海战中获取了战术上的胜利，但是英国大舰队依然牢牢地控制着制海权，使德公海舰队不敢出动。可以说，约翰·杰利科实际上夺取了战略上的胜利。

布鲁西洛夫攻势，同盟国覆灭开始

1916年6月4日，在东线战场上，爆发了布鲁西洛夫攻势，此战役到8月初结束，此次战役是同盟国覆灭的开始。这是俄国发动的、针对东线上的同盟国德奥联军的战役。布鲁西洛夫攻势的交战地点是乌克兰的伦伯格、哥佛尔及陆斯克等城镇。此次攻势由俄军西南战线主帅布罗鲁洛夫指挥。

布鲁西洛夫大胆的计划

早在1916年，法国为了缓解西线的凡尔登战场上德军的压力，就呼吁俄国在东线对德军展开针对性的攻势，以促使德军从西线调拨部队去应付东面俄军。俄军作为协约国的一员，义不容辞地在东线维尔奴地区发动了纳罗兹湖攻势，但这场攻势效果有限。为此，俄军将领布鲁西洛夫向俄军最高司令部提出了他的计划，那就是在西南部加利西亚发动一次针对奥匈帝国军队的攻势，以缓解英法联军面对伊松河战线的同盟国方面的意大利军队的压力，而且，俄军有把握通过这次攻势彻底击败奥匈帝国。

布鲁西洛夫

布鲁西洛夫的这个计划堪称大胆，甚至超乎所有人的想象。为什么这么说呢? 这还得从当时的东线军事情势说起。

当时的东线，俄罗斯和奥匈帝国军队已经由运动战转入阵地战。173万俄军与106万德奥联军，从波罗的海里加湾到喀尔巴阡山东麓的漫长战线上，如两头疲惫的公牛在寒风中对峙着。德国和奥匈帝国联军甚至判断出，俄军就像一部巨型"蒸汽压路机"，此刻正陷入泥泞的东欧大草原上，别说进攻，就是后退，都是寸步难行了，因此德国根本没在意东线俄军，反而将重兵放在西线，准备解决完这里的英法联军，然后再找俄国人算账。然而，谁能想到，俄军将领布鲁西洛夫竟然会发动一场对奥匈帝国的进攻，而且是大规模的进攻。

军事教科书上没有的战术

1916 年 3 月 17 日，布鲁西洛夫走马上任，在俄军西南方面军的司令部担任新的方面军司令。

布鲁西洛夫研究战场情况时，面对俄军和奥匈帝国军队的绵亘战线，陷入了两难的境地。如果他采用经典的迂回两翼合围歼敌，因为双方战线太过漫长，在正面战线打破奥匈帝国军队的可能性很小，而且也很难在奥匈帝国军队的侧翼打败奥匈帝国军队。如果集中俄军的优势兵力，在正面战线选定特定地点突破，又容易暴露俄军的意图，无法达到奇袭的效果，会吸引奥匈帝国军队快速增援突破点，这对俄军也不利。

最终，布鲁西洛夫还是采取了正面突破的战术，而且他有效地解决了俄军战略意图容易暴露的问题。

布鲁西洛夫的具体作战计划是：俄军第 8 集团军实施主要突击，在 21 公里宽的正面战线上向卢茨克方向实施主攻，同时，他还让俄军其他各集团军作为支援部队，在 450 公里宽战线上的数个突破地段采取多点突破，让整个战线都沸腾起来，这样对手就很难分清俄军的主攻方向了，对手的兵力也就无法集中起来，最终会被俄军各个击破。

布鲁西洛夫这项作战计划所用的战术，在当时的军事教科书中并没有记载，属于他的独创。

专找薄弱处下手

1916 年 6 月 4 日拂晓，俄军西南方面军的 4 个集团军用炮火拉开了布鲁西洛夫攻势的序幕。俄军的炮火和以前不一样，不再是全天持久性的炮轰，而是短小却精确的火炮弹幕。这种精准而简洁的轰炸，使奥匈帝国军队不明俄军企图，无法有针对性地采取防御措施，使俄军进攻变得出奇不意，这是布鲁西洛夫攻势战术中最精妙的地方。

布鲁西洛夫攻势中的俄军士兵

　　俄军在短小却精确的轰炸后，在 450 公里的战线上，对奥匈帝国军队进行全线进攻。

　　就这样，奥匈帝国军队"滴水不漏"的防线，在强大的俄军面前土崩瓦解了。在布鲁西洛夫攻势的前三天，俄军取得了巨大胜利，特别是担任主攻的俄军第 8 集团军，战果尤为显著。

　　6 月 7 日，俄军按照预定计划，占领了卢茨克，对奥匈帝国的交通枢纽韦利产生威胁。奥匈帝国的第 4、第 7 集团军来不及撤退，只得狼狈逃窜。俄军俘虏的奥匈帝国军官惊恐地说："我要对所有的人说，无论是哪一位，在任何时候，都不要与他们（俄军）作战。"

　　可以说，俄军第一阶段的突击，因为奥匈帝国军队的崩溃而获得了彻底的胜利。布鲁西洛夫的俄军西南方面军 3 / 4 的兵力，都推进到了前线。

　　俄军胜利的原因，在于布鲁西洛夫的作战计划得当，他手下的俄军全面突破，让奥匈帝国军队无暇顾及，而那些突击部队专门拣奥匈帝国军队的薄弱点下手，因为奥匈帝国不知俄军突破的主力在哪里，无法支援，俄军的主力能轻而易举地实施突破，并屡屡得手。

　　值得注意的是，布鲁西洛夫的这种在薄弱点突破然后渗入奥匈帝国军队防线纵深的做法，给德国以很大的启发，德军后来在西线战场上运用的

113

让协约国英法联军苦不堪言的渗透战术就是由此而来的。

鲁登道夫惊恐不安

俄国的西南方面军在6月8日攻下了陆斯克。至此，奥匈军队全面撤军，近20万名奥匈帝国的士兵成了俄国人的战俘。

这使得德军和奥匈帝国军队的军事首脑们惊骇万状，连一贯狂妄的鲁登道夫也说他"每天都在惊恐不安中度过"。

同盟国阵营开始召开军事会晤，德军总参谋长埃里希·冯·法尔肯海因让奥匈帝国将南线的军队从意大利撤回东线对付俄军。德军总司令兴登堡陆军元帅也没闲着，他将德国的支援力量通过铁路运到了前线。

此时，布鲁西洛夫率领的俄罗斯西南方面军因为兵力有限，扩张速度变慢了，他在等待援军前来，这也从客观上给德军和奥匈帝国军队向东线增援提供了时间。

不得不说的是，一直到8月，布鲁西洛夫率领的俄军都还在顽强地推进，但因为俄军伤亡过大，而且后勤补给困难，9月20日，俄军在增援而来的德军和奥匈帝国军队的阻击下，不得不停止进攻。

俄军虽然停止了进攻，却转而协助同属协约国的罗马尼亚军队的进攻，这又一次让奥匈帝国军队与德国军队大吃一惊。他们又心急火燎地从西线和意大利战线调集军队前来增援，以堵住俄军在罗马尼亚这边的突破口。

达到了既定目标

布鲁西洛夫攻势达到了战前的目标，同盟国因为俄军在东线的突破，不得不停止在凡尔登的攻击，把大量德军调往东线，这就减轻了英法协约国军队在西线战场的压力。另外，俄军击垮了奥匈帝国的军队，使得奥匈帝国损失近150万士兵，奥匈帝国自此元气大伤，在东线再也没能力发动一次像样的攻击了，一切军事行动都只能依靠德军。

索姆河战役与阿拉斯攻势

作为协约国 1916 年战略进攻计划的一部分，索姆河战役是战争中双方伤亡都十分惨重的堑壕战。交战双方所投入的兵力、兵器，都是本次大战中最多的。在此战中，协约国取得的胜利，使战局的主导权逐渐从德国移向协约国。值得一提的是，此战中坦克首次登场，显示了其巨大的威力。

霞飞与黑格计划

有人说，法国的凡尔登是被索姆河战役拯救的。这种说法是有一定的道理。因为在凡尔登城下的浴血厮杀进入白热化之时，巴黎西北的索姆河两岸又燃起战火，英法军队向德军发动了大规模进攻，这就是持续 4 个月之久、惨烈程度甚于凡尔登决战的索姆河战役。

在索姆河发动大规模的攻势，是协约国集团预定的 1916 年战略进攻计划的一部分。

道格拉斯·黑格

1915 年 12 月，法军总司令约瑟夫·霞飞和英军总司令道格拉斯·黑格在巴黎北面的小镇尚蒂伊会面，双方决定在索姆河地区发起战役。

打开法国地图，人们便会看到，索姆河位于巴黎北方，河水由东向西流经阿曼斯、阿布维尔等城市，最后注入英吉利海峡，全长 241 公里。从形状上看，连绵蜿蜒的索姆河就像一张大弓，连同康布雷、凡尔登等军事重镇一起，构成了守卫法国北大门的一道防御屏障。

到 1916 年 2 月初，计划已初步拟就。

约瑟夫·霞飞与道格拉斯·黑格商定,由法国的3个集团军和英国的2个集团军在索姆河两岸实施大规模的战略进攻,其目标是彻底突破德军的防线,取得在西线的决定性胜利。

但约瑟夫·霞飞和道格拉斯·黑格没有料到,德军也有突破法英防线的企图,而且动作更快,所不同的是德军将突破点选在了凡尔登,这就是上节所述的凡尔登战役。

德军突如其来的进攻,打乱了英法军队的部署,惨重的伤亡和德军一天比一天强烈的进攻,使法军疲于奔命,根本无法进行索姆河战役的准备。

1916年5月26日,约瑟夫·霞飞再次约见道格拉斯·黑格,要求英军承担索姆河战役的主攻任务。

他们最终确定的进攻阵容是:英军方面第3、第4集团军,共25个步兵师,法军方面第6集团军共14个步兵师。

战役的主要突击力量也由法军改为英军第4集团军担任,英军第4集团军所辖的5个兵团成一线展开,主要任务是突破德军在索姆河以北的德军第4、第6集团军的防御,预备队由英军的2个步兵师和3个骑兵师组成。这样,在将要发起的索姆河战役中唱主角的将是英国远征军及其所属的加拿大远征军。

奔赴索姆河战场的英国士兵

英法协约国方面之所以没有放弃索姆河战役作战计划,一方面是想通过这次战役打破西线的僵局,更主要的是,德军在凡尔登方向的进攻给法军造成了相当大的压力,法国已在凡尔登倾注了几乎全部的力量。因此,他们英法联军必须在其他方向打出去,以进攻来牵制德军,才能减轻凡尔登方面的压力,转危为安。

但是,把反攻的地点选在索姆河,如同德国的法金汉把凡尔登选为突破点一样,都没有充分估计到敌方防御的强度,最终使索姆河战役也变成了一场无法达到预期目的、规模空前的消耗战。

索姆河战役

德军的防御战线

德军布置在索姆河防线最前沿的是第 2 集团军。

自西线凡尔登决战陷人堑壕战僵局以来，在这里没有爆发过大规模的战斗，因此德军有充裕的时间加强防御，精心选择地形，构筑了一整套比较完整的防御体系。

德军构筑了深达 12 米的地下坑道网，其地下工事的出入口都隐蔽在村庄和附近的树林中，难以被英法联军发现。另外德军的阵地修筑在山坡上，对英法军队的行动一览无余。

但在德军防御阵地对面，英法军队秘密进行了 5 个多月的准备。他们的阵地虽然也非常坚固，但与德军相比，阵地地形不利，尤其不利于进攻。

英法军队为保证战役的胜利，以及在突破地带对德军形成绝对优势，部署步兵超过德军 3.6 倍，炮兵为 1.7 倍，航空兵将近 2 倍。在进攻开始前半个月，英法军队进攻的准备就已就绪，任务按 3 个阶段作了严格划分，规定了协同行动的严格体系。

约瑟夫·霞飞在检查了战役准备工作后，认为凭借这样的兵力和兵器，英法军一定能一举突破德军的防御阵地，顺利完成整个战役任务。

协约国进行的战役准备，没有逃过德国人的眼睛。德军甚至准确预测了英法军队进攻的日子，并迅速作好了应战的准备。但是，德国人低估了英法联军实施大规模进攻的实力。

1916年6月24日，索姆河两岸惊天动地的炮声打破了清晨的宁静，英法联军隐蔽的炮兵群对德军阵地开始了战争以来最大规模的炮击。

空前猛烈的炮火使德军阵地顿时陷入一片硝烟火海之中，地动山摇，不时有德军的掩体和障碍物被炸飞。在德军阵地上空，英法联军的侦查飞机不停地盘旋，给地面炮兵指示目标，纠正弹着点，同时不时地向德军阵地扔下炸弹，接着又俯冲扫射。

德军表面阵地上早已空无一人，因为在这样猛烈的炮击下，没有人能够幸免，即使没有被密如雨织的炮弹直接炸死，也早已被此起彼伏的剧烈爆炸震死。炮击持续了整整一周。在这期间，英法联军还向德军阵地不定期地发射化学炮弹。在6天的炮击里，英法联军共发射了炮弹150万发。有人形容，这是"钢铁熔炉中的7天7夜"。

6月30日夜晚，炮击到了最后阶段，也达到了最高潮，准备投入进攻的英法士兵都爬出堑壕，观看着战争史上的奇景，德军阵地上炮弹爆炸的闪光，与夜空中的星星连成一体。炮击早已把德军阵地上的铁丝网炸得七零八落，大部分掩体已不复存在，堑壕和阵地的交通壕被夷为平地，德军第2集团军的观察和通信系统被摧毁，许多炮兵失去了战斗力。

后来法金汉承认，在德集团军地带内"前面的障碍物全部消失，大部分掩体被夷为平地，只有极少数特别牢固的防御工事经受住了猛烈的炮击"。

7月1日早晨7时30分，英军的阵地上突然响起了刺耳的军号声，担任主攻的10万名英军士兵爬出战壕，一个个平端步枪，开始向德军阵地前进。

英军大部分都是新兵，他们刚刚从国内调到前线，第一次参战，毫无经验，而且训练和装备都不足。但他们却很天真乐观，以为只要他们爬出堑壕向前进攻，就可以一口气冲到柏林了。

在步兵开始发起冲击的同时，英法联军的炮兵又开始了最猛烈的炮火掩护，德军阵地立刻又被弹雨所覆盖。

开阔地上，一望无际的黑压压的英军纵队迈着整齐的步伐，缓慢地向前推进，像一只硕大无比的碾盘，携带着死亡的气息，向德军压过去。

德军已从潜望镜中发现英法联军的动向，士兵们全都蹲在坑道口，准备冲上表面阵地。德军士兵早已钻入深深的地下工事，安全地躲避着倾泻而下的炮弹。担负侦察和监视的德军则利用潜望镜在工事里观察英联法军的动向。原来，英法联军并未对德军造成太大损失，英法联军的炮火一停止，德军就立即从地下工事中倾巢而出，他们把沉重的机枪全都搬上了阵地，迅速挖好掩体，把黑洞洞的枪口指向阵地前的开阔地带，居高临下地准备射击。

值得一提的是，在双方战壕里，有许多后来名扬四海的著名人物。在英法联军

索姆河战役的战场

索姆河战役场面

的战壕里，有蒙哥马利少校，他在之后的第二次世界大战中成为名震四海的元帅。在德国的堑壕里，有一位名叫希特勒的下士，这位下士声称，在即将开始的地面战斗中，"我毫不羞愧地承认，我被热情所陶醉，我承认我跪了下来，衷心地感谢上帝，使我能活到这时候"。

战场上的紧张空气令人窒息，满目疮痍的德军阵地上一片寂静。

英军的士兵越来越近了。他们在军官率领下，分几个波次前进，每个波次的士兵几乎都是肩并肩排成整齐的队列，斜举着步枪，步履缓慢地向德军阵地推进。

按照约瑟夫·霞飞和道格拉斯·黑格的推断，德军在大炮的连续轰击下，应该是伤亡惨重，已无还手之力了。

而当英国人接近德军正面堑壕时，德军的炮火齐射，密集的子弹像一把锋利的大镰刀，顷刻间就把英军"像割麦子一样成群地扫倒"，紧接着，德军的炮弹也落到了英国人的头上。

面对不断传来的部队大量伤亡的报告，英军总司令道格拉斯·黑格在指挥部里叫了起来："这不可能！"这是因为，从表面上看，德军的地面工事已被摧平，各个山头的表面部分已是一片焦土，怎么可能还有如此巨大的反击力量？他恼羞成怒，向主攻部队下达命令："继续进攻，一定要拿下德国的阵地！"

英军的炮击重新开始，德军又溜进了坑道。英军的炮火一停止，德军又重新钻了出来，架起机枪，猛烈扫射。

因英军士兵负荷过重，行动不便，简直成了德军练习射击的标靶。英国军官如同输急了眼的赌徒，不断地督促着士兵冲击，倒下一排，又扑上去一排，再倒下，再扑上。

经过这不断的厮杀，在索姆河以北主要方向，英军第4集团军的两个兵团占领了德军防御前沿阵地，但其余3个兵团和第3集团军的第7兵团的攻击都被德军击退。

在索姆河以南的方向，法军取得了一些进展，这使法国总理白里安异常兴奋。法军异常猛烈的炮火压倒了德军，步兵趁机发动迅速突然的进攻，在德国士兵还没有从掩蔽部爬出来之前，法国士兵就到达德军阵地前沿，打得德军节节败退。仅两个小时战斗，法军第 2 兵团就占领了德军阵地及支撑点。

第一天的战斗，就在这种反复冲杀中结束了。仅仅一天时间，英军就有 6 万人阵亡、受伤、被俘或失踪。在以往的作战历史上，英军从没有在一天之内有这样惊人的损失。这是英军战争史上最糟糕的一天。

夜幕降临了，索姆河两岸沉寂下来。

阿里斯蒂德·白里安

7 月 2 日，又一场惨烈的搏杀开始了。成千上万的英军士兵又用他们的血肉之躯，一次又一次地扑向密集的枪弹。德国人挥动着用枪炮铸成的"巨镰"，如割草般地宰割着英国人。

面对英军的疯狂进攻，德军阵地几次发生危机，但很快又稳定下来。他们利用有利地形，在深达 10 余米的堑壕和四通八达的地下通道中，不断地补充兵员，运送弹药，一次又一次地打退了英军的进攻。

太阳再一次落山了，英军不得不又扔下数万具尸体，撤出了战斗。

法军方面的进展情况稍好些，法军第 6 集团军进攻的方向，恰好是德军防御的薄弱地段，德军在战前没有预料到法军会在此处进攻，因此防御力量薄弱，只有德军第 17 兵团在守卫。

7 月 3 日，法军经猛烈的突击，一举突破了德军第 17 兵团的防御阵地，德军遭受到严重伤亡。不久后，德军重新纠集力量组织了多次反攻，但在法军强大的火力面前，不仅没能夺回阵地，反而伤亡更加惨重，无力再战。德军统帅部为避免第 17 兵团全军覆没，急忙调第 2 集团军的预备队接替防御，将第 17 兵团撤回阵地休整补充。

可是德军第 17 兵团后撤过于匆忙，使德军预备队来不及迅速补充撤下来的防御阵地，导致一些阵地和支撑点无人防守，德军的防御出现缺口和许多间隙地，给法军以可乘之机。

索姆河战役中开往前线的英军

　　7月4日，法军第35兵团先遣分队发现这一情况后立即行动，未经交战就占领了无人防守的巴尔勒。这时，另外一些部队也准备向索姆河前进，企图乘机扩大战果。

　　然而，法军第6集团军司令法约尔认为，根据法国北方集团军群司令斐迪南·福煦的"逐步行动"理论，要夺取新阵地，必须使已占领地区得到巩固才行，结果，法军按照这一僵硬教条，将准备出击的部队撤了下来，重新准备，从而耽误了整整两天两夜。

　　就在法军按照"逐步行动"理论进行进攻准备时，德军第2集团军发现了自己的严重漏洞，他们急忙从统帅部调来了5个精锐师，填补了一切空隙，重新组织了防御体系，即时堵住了缺口。法军丧失了这次战机，给自己的整个战局带来了不利影响。

　　7月5日，准备就绪的法军重新开始进攻。但此时德军在缺口处投入的5个精锐师已准备就绪，法军的进攻遇到了前所未有的激烈抵抗，法军伤亡惨重，进攻一次次受挫，无法完成预定的任务。而英军第4集团军作为主攻力量连续地攻击，也损失巨大，不得已暂时停止了进攻。

　　此时，德军统帅意识到英法军队在索姆河的攻击规模是空前的，其目的和企图绝不仅仅是牵制凡尔登方向的德军，如果掉以轻心，知道可能会造成整个战线的崩溃。于是，德军迅速抽调兵力，加强第 2 集团军的力量。为此，将预备队第 14 兵团、第 6 兵团和第 9 兵团调到前线，这样，德国的步兵师由 8 个增加到 21 个，还有 27 个重炮连，15 个轻炮连和 30 架飞机。

7 月 9 日，英法军队又恢复了进攻。由于德军的兵力大大加强，因此虽然英法士兵冒死冲锋，进展依然缓慢，双方很快就进入胶着状态。更严重的是，英法军队在战斗指挥上极不协调，双方步调不一，未能协调一致地行动，从而影响了战斗进程。

到 7 月中旬，英军仅前进 3 公里至 4 公里。法军推进了 6 公里至 7 公里。

互有损失的"消耗战"

经过近半个月的战斗，无情的事实证明，英法军队想迅速突破德军防线是不可能的，他们原先的设想在德军顽强的防御面前失败了。

7 月 13 日，法英两国统帅约瑟夫·霞飞和道格拉斯·黑格会面，交换战场情况，总结第一阶段战事。

"这是一场消耗战。"道格拉斯·黑格有些懊恼，"我们的突袭未能成功，敌我双方陷入了胶着状态，每天都在交替着阵地，每天都在大量伤亡，我搞不清为什么会弄成这样！既然已事态演变成这样，我们索性就同德国人拼消耗。我们的目的就是要打一场大规模的消耗战，看德国人能拿出多少兵员、弹药来同我们较量！"在这些人的心目中，一名步兵已经不再是一个血肉之躯，而只不过是一个数字而已。

就这样，一场耗时近两个月，双方伤亡都非常惨重的拉锯战，在索姆河地区展开。每天都有数以万计的士兵倒在血泊之中。

这次战役成了英国历史上最无益的战斗，其流血的程度与凡尔登战役不相上下。受凡尔登和索姆河双重消耗的影响，英法联军士兵的数量正在日益减少。

面对着与日俱增的死亡，"为德国而战"或"为法国英国而战"之类的口号渐渐失去了蛊惑人心的作用，士兵中开始出现逃亡。向对方缴械投降的事层出不穷。

就战略上看，英法联军似乎不在乎这种消耗，因为他们有雄厚的人力和物力资源。而德国人却不同，他们不但要同英国人和法国人作战，还要对付东边那令人讨厌的俄国佬，双线作战使德国人捉襟见肘。

但是在战役开始之前，德军总参谋长法金汉还是给部队下达了这样一道命令："一寸土地也不能丢失。如果失去一寸土地，那么即使剩下最后一个人，也要马上反击，夺回失地！"

法金汉的这道命令，正中英法的下怀。对于德国人而言，寸土必争所付出的代价实在太大了。尤其是反攻，那几乎是用士兵的尸体铺就的一条死亡之路。

7月14日，英法联军按照同敌人拼消耗的既定方针，发起了第二次进攻高潮。当天晚上，英军将领劳林生指挥部队夺取了索姆河北岸的一个代号为"VS"的战略高地。如果英军以此为契机，迅速扩大战果，则有可能突破德军的防线。但道格拉斯·黑格没有这样做。他明确指令劳林生：我们的目的是消耗敌军有生力量，让他们重新上来吧。

"VS"高地失守的消息传来时，德军指挥部里一片惊慌。因为这个高地犹如咽喉上的卡口，对外可以阻止敌军的进袭，对内则是与大后方联系的通道，其战略地位十分重要。如果英国人以高地为依托，扩大战果，那么德军的处境将十分不利。

索姆河战役期间的
法国士兵

但令德国人奇怪的是，英国人在占领了高地之后，因为格拉斯·黑格的指令，竟在近10个小时内毫无动作。这使德国人既百思不得其解，又喜出望外。他们利用这一喘息之机，重整旗鼓，然后向英军发动了反击。

整个8月，英法联军采取了分散兵力、全面出击的战术，希望最大限度地消耗德军兵力，达到局部改善战争态势、扩大突破口的目的。德军则采取集群战术针锋相对,以弹坑和掩体作依托,用机枪对付英法联军的散兵队形,结果使英法联军遭到巨大损失。

截至8月底,英法联军在两个多月的进攻中,伤亡近30万人,德军也伤亡20万人。

为守住索姆河防线,德军消耗了约600列车弹药,还不得不放弃在凡尔登的进攻,将索姆河方向的德军增加到40个师。时间是德国人最大的敌人,战争拖得越久,对德国人就越不利。消耗战使德国人用士兵的身躯去填塞战争的无底洞。

1916年8月27日,罗马尼亚对德奥宣战,德国又多了一个敌人。当这个消息传来时,德皇威廉二世惊慌失措。他恼羞成怒,下令撤销法金汉参谋总长的职务。因为正是法金汉信誓旦旦地向威廉二世保证,罗马尼亚近期内是不会参加对德战争的。

法金汉原是消耗战的鼓吹者,现在成了自己战略的牺牲品。法金汉下台,由近期在东线出尽风头的保罗·冯·兴登堡和鲁登道夫两人接管了德军的指挥权。

兴登堡和鲁登道夫上任伊始,便前往索姆河地区视察战况,很快便发现军中士气低落,令人担忧。除了战况激烈造成重大伤亡所带来的恐惧外,英法掌握着战争制空权也令德军士兵终日惶惶不安。

兴登堡这位新上任的德意志帝国参谋总长无可奈何地哀叹:"我们上了道格拉斯·黑格的当了,消耗战使我们很难恢复士气!"

德国人的对手英国和法国,也吃尽了消耗战的苦头。

英国新任首相劳合·乔治认为,这样大量的流血牺牲实在不能再继续下去了。他说:"把用在索姆河的火炮和弹药的1/3,改用在另外一条河(聂伯河)岸上,就可能已经替俄国赢得一次伟大胜利,这样俄国十月革命不至于在战争结束之前爆发了。"

尽管对消耗战强烈不满,这位新上任的首相却对将军们无可奈何。此时大英帝国的参谋总长,同样是西线派的代表人物站出来了,他的想法与道格拉斯·黑格的想法完全一致。他们的战略就是集中一切力量突破德国的战壕,只要在法国此地把德军击败,战争就可以胜利结束,他坚决反对一切分散英国人力和物力资源的任何企图。

索姆河战役期间，法国第370步兵团的士兵正在喝汤

在法国国内，问题同样严重。当法国人的鲜血洒在凡尔登和索姆河之时，一位议员在议会上提出了自己的疑问："法国遭受的痛苦是否已经够了，是否已经到了和谈的时候？"法国总理白里安对此却果断拒绝了。

9月初，英法认为他们的消耗战已达到了目的，于是双方达成了关于联合攻击的计划。法军按计划加强了右翼力量，扩大了左翼战线。这样一来，索姆河战役的规模日益扩大了。

9月3日，英法联军的1900余门火炮又开始向德军猛烈轰击，一场新的攻击又开始了。

还未等炮击的硝烟散尽，德军阵地的天空中就传来了机群的轰鸣声，英法联军派出了强大的空中力量来支援进攻，这些飞机不断地向德军阵地轰炸、扫射，企图摧毁在炮火攻击中留存下来的德军工事和炮兵阵地。与此同时，英法联军的4个集团军、法军26个师、英军32个师的兵力从所有战线上实施了大规模联合攻击，其主要突击方向集中在右翼英军第4集团军攻击的地带内。

战斗异常激烈。德军阵地上，堑壕线和带刺铁丝网都被摧毁，地面上炮弹坑密密麻麻，死尸遍地，恶臭冲天。双方围绕着一些要害地点反复争夺，许多阵地都相互易手多次。英法联军每前进一步，都要付出极大代价。尽管如此，英法联军仍以每昼夜推进150米至200米的速度，渐渐地深入到了德军防御纵深2公里到4公里，个别地段甚至更深。

就在这关键时刻，天公不作美，一连多日下起了暴雨，加上大雾，使英法的炮兵无法得到航空侦察的帮助，泥泞的道路也使重炮无法向前转移。

在此情况下，英法军队打算以一种新式武器来加快战役的进程。

9月15日清晨，在索姆河畔的费莱尔—库尔杰莱提战场上，大雾笼罩，硝烟弥漫，德军的士兵们正静静地躲在堑壕里，等待着英法军队发动新的进攻。英法联军猛烈的炮火轰炸过后，德军士兵麻木地爬出掩蔽部，把各种枪支搬上了阵地，准备迎击即将进攻的步兵冲锋。

7时30分，远方地平线上突然出现了十几个运动着的黑点，这些黑点绝不是德军早已熟悉的散兵线。它们渐渐接近了，德军士兵们依稀听到了一种奇怪的轰鸣声，其间还隐约夹杂着钢铁的撞击声。

不久，德军士兵看清了，那是一个黑色的"钢铁怪物"，奇怪的轰鸣声和钢铁的撞击声越来越大，大地也在不断地颤动。

望着这些从未见过的"钢铁怪物"，德军士兵们被吓呆了，在慌乱中，他们操起机枪和步枪，向这些怪物猛烈射击，但是机枪子弹不是被弹回来，就是从这些怪物身上滑落下去，"钢铁怪物"似乎毫不在意地继续隆隆怒吼着向前开进，履带铿锵作响，它们在泥泞的弹坑间如履平地般驶过，压倒了曾阻挡过无数步兵的铁丝网，越过了堑壕，将德军的工事碾压得支离破碎。

与此同时，这些怪物用机枪和火炮猛烈射击，像秋风扫落叶一样，打得德军尸横遍野。德军士兵在这突如其来的怪物面前，抵抗意志顷刻间彻底崩溃了，纷纷扔下枪支，掉头向后四散而逃。他们不知道这种令人生畏的新式武器，就是后来称雄战场的陆战之王——坦克。

坦克的出现，满足了当时突破步兵无法克服的堑壕和铁丝网的需要。自从西线陷入堑壕战僵局后，防御的一方，特别是德国人，在作战中广泛运用了机枪、速射炮等大杀伤力武器，并与铁丝网、堑壕等防御手段相结合，使阵地防御战术日趋完善，防御明显强于进攻。进攻一方除了依靠强大的炮火外，没有任何突破防线的方法。

英国人在对德的阵地战中，伤亡惨重，吃尽了苦头。因此处心积虑地想发明一种能突破堑壕体系的攻击型武器，这种武器既要能轻松地突破堑壕和铁丝网，又要能挡住密集的机枪子弹，还要有强大的火力，坦克就是在这种情况下应运而生的。

由于坦克的机械性能不佳，参战的49辆坦克在冲击德军阵地的过程中，有 17 辆因为机械故障而在中途抛锚，到达德军前沿阵地的只有 32 辆。

继续冲击后，又有 5 辆坦克陷入泥沼之中不能动弹，另外 9 辆坦克因机件损坏不能参战，所以最后实际到达德军前沿阵地的，只有 18 辆坦克。

英军将仅剩的 18 辆坦克分为两队，其中 9 辆坦克在步兵之前引导冲击，负责扫除德军阵地前的铁丝网等障碍物，突破德军的堑壕线。另外 9 辆坦克伴随步兵前进，负责以火力压制堑壕内的德军，直接支援步兵作战。

初次参战的 18 辆坦克显示了惊人的威力。这一天，英军以 21 个步兵师的兵力，在坦克的支援下，在 10 公里宽的阵地上分散攻击，5 小时内向前推进了 4 公里至 5 公里，这个战果以往要耗费几千吨炮弹，牺牲几万人的性命才能取得。因为坦克，英军未受多大伤亡就占领了德军放弃的掩体，缴获了德军丢弃的机枪和火炮。其中一辆英军坦克未放一枪就攻占了一个村庄，另一辆坦克夺取了一条堑壕，并俘虏了 300 多名德军士兵。

消息传到伦敦，英国朝野上下惊叹不已。坦克一鸣惊人，初显神威，让英军士气大振。

但是，英国人高兴得太早了。虽然坦克的参战取得了一定的效果，为英军的进攻增添了声势，但未能帮助英军彻底突破德军的防线。因为宽大的进攻阵地上仅仅依靠 18 辆坦克，效果太有限了。经过一天的战斗，英军参战的 18 辆坦克已有 10 辆损坏，再也无法支援战斗了。

不过，这并不能抹杀坦克初次参战的重要意义。作为一种新的战争工具，坦克在这一天接受战火的洗礼，成为索姆河战役乃至整个一战中的一件大事。坦克登上战争舞台，改变了战争的面貌，这意味着机枪、铁丝网加堑壕的阵地战时代即将成为过去，机械化战争的新时代已经到来。

进入秋季后，由于阴雨连绵、道路泥泞，双方士兵的斗志日益丧失，战斗渐渐平息，到了 11 月，战斗完全停止，英法联军的作战计划就此失败。

阿拉斯攻势无功落幕

早在 1916 年 6 月，英法等协约国为了辅助索姆河攻势，策划了一个名叫布莱维尔的计划，准备在阿拉斯附近地区发动攻击。后来因索姆河战场伤亡过重，像无底洞一般吸收着可用之兵，所以不得以，将该计划延缓。

到了10月，这个计划又被再次提出，而且将计划的范围扩大，使之成为协约国1917年春季攻势的一部分。协约国的如意算盘是：英军向东调转兵，进攻索姆河，使德军在索姆河与阿拉斯之间防线形成一个突出部。协约国可以对此突出部两边左右开弓。如果协约国攻击成功，不但可以消灭据守在突出部的德军，而且就此在德军防线打开一个宽阔的缺口。协约国通过这个缺口，一路进攻下去，将可以顺利攻向华伦西安，切断敌人的交通线，堵住德军通过比利时"狭谷"的退路。

1916年11月18日，英法联军司令官在香提伊聚会，就上述的1917年春季攻势进行讨论。他们决定，在1917年2月初，英军第4、第5军团重新对位于戈姆库突出部南边的索姆河发动攻势；英军第3军团攻击阿拉斯以北的突出部。等第3军团攻占芒希勒普洛之后，再向东南推进，切断德军沿考修河谷的交通线；如果可能，第3军团还可以切断桑塞谷的交通线。同时，第1军团将攻击德第3军团紧邻的北面阵地，形成一个防御侧翼，而法军则攻击索姆河的南面阵地。会议还决定法军三周之后在香槟地区发动攻势。

但英法联军整个计划却因法军的迟疑、英军的犹豫、德军的先发制人而瓦解。英军的主要攻势——阿拉斯攻势，由艾伦比的第3军团负责。如果英军第3军团能突破德军位于兴登堡防线尾端之北的旧防线，则可立即包抄兴登堡防线的侧翼与后方。但德军却早就料到了，因此德军从兴登堡防线北端附近的凯昂开始，穿越德罗库尔，抢修一条备用防线。因此，艾伦比的英军第3军团唯一的成功

阿拉斯战役进行中

机会，就看他们能否在德军增援的预备兵力到达之前，突破这条德军尚未完工，位于主防线系统后方5英里的备用防线。

德军将领鲁登道夫曾亲自视察这些区域。鲁登道夫认为，虽

然英军可能突破德军的第一线，但是，如果英军不怕付出代价，拼命进攻，就会深陷在德军重新设计的防御体系中。此外，协约国阿拉斯攻势的基本缺陷是：作战正面战线相对较狭窄，腹地过宽，补给与兵力增援路线全部集中在阿拉斯地区，容易形成运补"瓶颈"。

其实英军早在 1915 年与 1916 年就有过这种教训。当时就表明，除非通往第一线的路径被肃清与拓宽，否则这样的攻势是徒劳的。此次的攻势，在第一线的最北端布置的是宾恩所指挥的加拿大军。该军的目标就是易守难攻的维米岭。4 月 9 日，加军攻下了维米岭，立时名震遐迩。加军之所以有如此佳绩，是因为有准备充分。

清晨 5 时 30 分，英法联军在加军之后，也正式发动进攻。在时间上拿捏精准的弹幕掩护下，英法联军的攻击步兵发起全面进攻。不到一小时，英法联军的步兵即占领了整个德军第一道防御系统。此后，英法联军在斯卡尔普河以北又捷报频传。

随后英法联军主攻师连续攻克德军三处目标，接着，联军第 4 师通过右翼，夺取法姆波，突破从凯昂到德罗库尔的德军最后一道防线。但是，在斯卡尔普河以南地区，遭到德军顽强抵抗。德军首先在斯卡尔普河以南的"铁路三角点"与"电报高地"两处抵抗着，然后在瓦恩库到弗希一线上，利用芒希勒普勒高地的机枪支援，进行顽强的抵抗，英军第 12 师与第 15 师的攻势严重耽搁。担任预备队的第 37 师在当天行动受阻，紧跟其后的骑兵军不但无法朝前移动，而且进攻更加困难重重。

第一天英法联军所俘获的德军数量，以及英军本身的攻击进度，比起以前任何攻势都多且快。但除了第一天有所斩获外，英法联军就完全失去了战略性突破的希望。到 4 月 10 日，英国第 3 军团被德军的强烈抵抗挡住去路。而位于后方的英军炮兵距离前线太远，无法及时支援第 3 军团的进攻。一直到 4 月 11 日早晨，英军才有 4 辆坦克驶抵战场，协助第 3 军团第 17 师的一个营夺取了芒希勒普勒。虽然打出一个缺口，不过缺口过窄，另外，英法联军攻占的时间也太晚了。

11 日早上，英军在绝望下发起反击，英军第 5 军团从南边向兴登堡防线发动集中突击，以缓解第 3 军团所受的德军压力。只可惜第 5 军团在经过艰苦跋涉，通过德军撤退区之后，不但战斗力大损，已无法为这场普通的战壕战调上必要的炮兵,更不用说进攻防御坚强的兴登堡防线了。英军在炮兵支援不足的情形下,用少量的坦克带领澳军第4师,进攻布勒库附近的兴登堡防线。然而英军输了。这是因为,一方面准备工作过于匆促,另一方面人员装备不足,而前线的阵地也过窄。

值得一提的是,在进攻的前段时间,英军以为他们已经胜了,因为已经突破了兴登堡防线。可是接下来,他们成了德军反攻的箭靶。英军尽管在兴登堡防线能稳住阵脚,却无法扩张战果。譬如,英军第3军团右翼在埃尼纳与瓦恩库遭受德军顽强抵抗,使英军第3、第5军团失去联手出击的机会。战争进行到第二天早上,英军第21师与第56师(第1伦敦师)发动英勇的突击行动,攻占了要塞,但德军反攻的压力也日益增强。由此,联军攻势的第一阶段于4月14日收场。

另外,法军于4月16日展开了对埃讷河的攻势,结果下场更惨,由此彻底粉碎了英国将军尼韦勒过高的期望与预测,同时也葬送了这位将军的未来。

这时英国元帅道格拉斯·黑格虽然决定"要继续全面攻击……以协助我们的盟友",但一直都不见法军有攻势需要协助。到了4月23日和24日,艾伦比在德军凶猛抵抗下,以重大代价向前推进,攻下了盖马佩与加福列尔。

而后的4月30日的军团司令官会议上,道格拉斯·黑格表示他决定英军仍会继续发动攻势,"坚定地进攻坚固的德军防线"。

于是,英军在5月3日与5月5日两次发动进攻,但都没有效果而且牺牲重大。虽然进攻中,英军是愈战愈顽强,但还是无法攻下德军防线。攻势还在拖延,结局痛苦之至,阿拉斯攻势最后就这样落幕了。

阿拉斯战役纪念碑

罗马尼亚战争，令人反思

在南线，罗马尼亚对阵奥匈帝国。罗马尼亚是于1916年8月27日参战的，首都布加勒斯特就在同年12月6日陷落，并迅速被灭国。这段短暂的战争，却给世人一个可以引以为鉴的教训，即军队的数量不敌优秀的组织工作和能干的指挥官。

一支先天不足的军队

一战开战前一年，罗马尼亚民众参战的民意逐渐整合。他们一致希望参加协约国这一方。到了1916年夏天，协约国一方的俄军在布鲁西洛夫率领下战果丰硕，鼓舞了罗马尼亚人踏出重要的一步，即参与协约国作战。就是这一步，几乎使罗马尼亚陷于永不见天日的深渊。

罗马尼亚的军队在为期两年的准备中，数量虽已倍增，但实质上军事素质却大为降低。即德奥军队在艰难困苦的实战经验中，已壮大了他们的火力与装备；相反，罗马尼亚由于与外界的绝缘，军事将领的无能，军队一直无法从粗陋的民兵形态转型为现代化劲旅。

罗马尼亚步兵既无自动步枪、毒气装备、战壕迫击炮，又缺少机关枪。罗马利亚10个现役师中，每一营仅2挺机关枪；而新成军的13个师中，8个师完全没有机枪。罗马尼亚的炮兵也不足，空军简直微不足道。

今日罗马尼亚

132

罗马尼亚开战时仅储备了6个星期的弹药。而在布加勒斯特的一次兵工厂爆炸中，又有900万发小型武器弹药被摧毁。其盟友则无法履行维持每日300吨补给的承诺。罗马利亚的后勤补给堪扰。

一战时罗马尼亚步兵

罗马尼亚的战略形势很不利，这是其另一大弱点。罗马尼亚国土呈现倒L状，位于底部的瓦拉几亚，刚好夹在特兰西瓦尼亚与保加利亚之间。它的边界线则远大于国土纵深，又欠缺横向铁路，首都距离保加利亚边界仅30英里。更严重的是，多瑙河另一边的罗马尼亚多布罗加地区是德军最易入侵的地点。

而英法俄等盟国对罗马尼亚军事行动的建议，也是各行其是，不成体系，这样就强化了罗马尼亚内部矛盾与地理上的缺陷。具体来说，英国参谋本部希望罗马尼亚向南进攻保加利亚，使保加利亚能在罗马尼亚与萨洛尼卡盟国军队的夹击中败亡。俄国却主张罗马尼亚调兵西进，这样可以与俄军的布科维纳攻势作紧密配合。罗马尼亚当局认为，保加利亚的领土充满天险障碍，若要发动有效进攻，罗马尼亚现有部队是办不到的，于是罗马利亚采纳了俄军的建议。

兵分三路发动攻势

罗马尼亚军队于1916年8月27日与28日夜间兵分三路，从西北方向穿越喀尔巴阡山隘口发动攻势。每一路包括4个师的兵力。罗军的计划是，先向左转，然后往右回旋，占据匈牙利平原之后，进攻西面的德奥联军防线。罗军另有3个师准备守护多瑙河，3个师戍守多布罗加的"后院"。此外，俄国也曾答应派遣1个骑兵师与2个步兵师前来支援。其实，罗马尼亚原先与俄国约定的是，俄国支援的兵力多达15万人。

一战时罗马尼亚军队

罗军在发动攻势之后，进展缓慢而谨慎。奥军在罗奥边界原有 5 个实力较差的师担任守卫。为了防止罗军攻击，奥军破坏了桥梁，阻止罗军前进，以便统率部有时间调集德军 5 个师与奥军 2 个师到毛罗什河前线发动反击。法金汉强调，这些准备工作将使"马肯森军团拥有充裕的武器装备。这些武器至今不为罗军所知，包括重炮、掷雷筒、毒气"。

因此，战事一开始，罗马尼亚以 23 个师的兵力对付 7 个师德奥联军。但不到一星期，德奥联军就增至 16 个师。由于罗军胜利机会降低，罗军只得加速行动。正当罗军各路人马朝西向特兰西瓦尼亚缓缓前进时，马肯森率德奥联军于 9 月 5 日猛攻托图卡亚桥头堡。他击溃了守卫多瑙河防线的 3 个师的罗军，也因此使自己侧翼安全无虑。于是他继续向东攻击，进入了多布罗加地区。这是一次深谋远虑的进攻，它对罗军士气的影响甚大，还达到了牵制住即将调往特兰西瓦尼亚地区的罗军预备队的战略效果，使得罗军的特兰西瓦尼亚攻势不得不停下来。由于兵力分散，各处罗军兵力都十分单薄。因此，当法金汉于 9 月 18 日抵达罗马尼亚边界，准备指挥德奥联军在特兰西瓦尼亚地区进攻时，发现罗马尼亚军队攻势呈现静止状态；罗马尼亚各路部队也分散在宽达 200 英里的防线上。

德将法金汉决定先集中兵力攻击已越过卢特图尔姆隘口的罗军南路军，同时派出小股兵力，阻止罗军其他军队前往支援，但被罗军打败。幸运的是，德国阿尔卑斯军在 3 日内行军 50 英里，越过崇山峻岭，迂回包抄罗军南侧翼，然后与德奥联军预备队一起以高超的作战技巧直接击溃在锡比乌，就是赫曼施塔特的罗马尼亚部队，迫使罗军经山区撤离。

罗马尼亚沦陷

罗军遭遇德军后，表现得不知所措。罗军将领一面要求进军特兰西瓦尼亚的部队静止不动，一面改变预备队作战计划，并派遣预备队在拉可佛附近渡过多瑙河攻击马肯森所率德军的后部。然而，罗军渡河攻击完全失败，这给了德奥联军集中攻击罗军中路军的机会。10月9日，法金汉再次成功驱退罗军。不过，由于忙中有错，他没有包围与歼灭罗军部队。

法金汉坐失这次良机，影响了整个德军进军计划，也几乎拯救了罗马尼亚。因为到此时为止，所有能通过山区的隘口，仍在罗军手中。罗军正顽强击退企图强行进入该国后方的德奥联军，并且迫使德奥联军原地踏步等待援军。其间，法金汉还命德奥联军向更南的伏尔康与查尔杜克隘口发起过快攻，不过攻击受阻。不久，冬雪降临。就在一切攻势随天气即将停止之际，德军在最后一刻发起了攻势。11月11日至17日，德军突破隘口到达阿尔古日乌。德罗双方在瓦拉几亚平原上展开一场快速追逐战之后，德军将罗军逼退到阿尔特防线上。

马肯森和法金汉率领的德奥联军在巧妙协调计划下，准备下一波攻击行动。马肯森当时只留下一小部兵力据守多布罗加的北部地区，却将庞大兵力向西撤往西斯托佛。11月23日，他渡过多瑙河，由侧面迂回包抄了阿尔特防线上的罗军。不过罗军在新任参谋总长普列山将军的指挥下，立即发动了计划相当周全的反扑使马肯森的联军陷于危机，而且其侧翼差一点遭

雪中作战的罗马尼亚士兵

罗马尼亚战役中
的德国炮兵

罗军包围。但罗军的反击很快被德奥联军化解。自此之后,马肯森与法金汉的兵力集中在一起了。罗军在阿格苏防线虽发起最后的绝望的抵抗,但终不敌德奥联军的强大兵力。12月6日,德奥联军进入罗马尼亚首都布加勒斯特,并乘胜追击在多布罗加地区活动多时的罗俄联军。罗俄联军迅速被驱至从塞列特到黑海的防线上。罗马尼亚绝大部分国土,包括麦田与油田都被德奥联军占领,其军队也彻底被摧毁。罗马利亚刚加入协约国作战就被灭国,这使协约国在精神上所受的打击,远大于协约国原先所预想的。

一场引人反思的战争

罗马尼亚战争相比第一次世界大战中的其他战役,一向鲜为人知,也鲜有人下功夫研究。但罗马尼亚战争有其独特之处,从罗马尼亚战争中可归纳出协约国的基本缺点与德国的基本优点。

这场战争说明,人们对于数字的迷恋及拿破仑式的名言"上帝常站在具有数量优势的一方"是错误的,也证明了亚历山大大帝式的重质不重量法则的正确。协约国虽具有人数的优势,却被一支相信人类耐力的德奥军队打得七零八落。还有,德奥联军以3个月时间,快速征服罗马尼亚的举动,是非常值得当时的协约国反思的。因为这场战争基本上是动态型战争,作战范围涵盖艰难困苦的自然条件,包括地形上的与气候上的各种自然条件,可是协约国并没有汲取教训。

总之,这个短暂的战役给人们一个可以引以为鉴的教训,即人数不如组织素质重要;相反,优秀的组织加上能干的指挥官,即会降低敌方"数量优势"的价值。至于部队武器与训练的品质,更是远比注重"人数"重要。

第四章
第三阶段：协约国终获胜利

绝望中的鲁登道夫请求政治家们出面促成停火，以挽救危如累卵的军事形势。但为时已晚，德国人已经丧失了在谈判桌上讨价还价的权利，担任谈判的马克斯亲王无法软化协约国提出的德国必须无条件放弃抵抗的强硬要求。……为了保持德意志帝国的荣誉，他们命令远洋航队进行"敢死航行"进入北部海域，这就更加重了德国的危机。然而，经历四年野蛮杀戮，饱尝战争之苦的士兵，不愿再为帝国的海军荣誉去送死，他们揭竿而起，俾斯麦王朝随之崩溃。……1918年11月11日，敌对双方在西线实现停战。

——《剑桥战争史》

无限制潜艇战：恐怖的水下幽灵

在海上，交战双方不依不饶。1917 年 2 月，德国海军部宣布进行"无限制潜艇战"，即德国潜艇可以事先不发警告，而任意击沉任何开往英国水域的商船，其目的是对英国进行海上封锁。早在 1914 年战争开始后，德国就对协约国实施潜艇战，给英国商船和战舰以重大打击。德国希望 6 个月打垮英国，但由于英国使用了当年西班牙对付英国海盗时发明的护航体制，成功地保住了运输线。而德国进行"无限制潜艇战"，又给予英国重创。后随着美国的参战，共动员舰艇和辅助舰船 5000 艘，终于击败了"无限制潜艇战"。

水下幽灵——潜艇

早在美国内战时，潜艇作为一种廉价的海岸防御武器就已经被投入使用，直到 19 世纪后期，一系列技术改进之后，潜艇才发展成为一种有效的海上武器。德国是第一个认识到潜艇潜力的国家，在德国皇帝威廉二世的大力支持下，被称为"德国海军之父"的阿尔弗雷德·提尔皮茨海军上将，使德国在潜艇的制造占据了绝对优势，到一战爆发时，德国已秘密拥有了一支训练有素、精干强悍的潜艇部队了。

在此之前，各国海军军官们只把潜艇看作侦察部队，或用于保卫港口，对付来自海上进攻的防御船只。军事专家们原来对潜艇并未给予很大的关注，而封锁敌国海岸和摧毁敌军舰船这两大海军任务基本上还是交由战舰完成。

1914 年 9 月 1 日，一向被人低估的德国潜艇终于向世人展示了它可怕的威力，在福斯湾海域巡逻的德国海军"U-21"号潜艇发射鱼雷，击中了英国皇家海军"探险者"号轻巡洋舰，使它在几分钟内沉没，并导致了巨大的人员损失，而"U-21"号德国潜艇的战绩随即在 9 月 22 日这一天被刷新。

9 月 22 日，英吉利海峡天气虽然好，但能见度较低，3 艘英国巡洋舰成一路纵队昂首西行，三舰彼此间隔两海里，航速 10 节，在广阔的海面上执行封锁和巡逻任务，英国海军部指示，遇有德国舰船，一律予以击毁。而就在同一时刻，在奥斯坦德西北海面上，德国的"U-9"号潜艇也正在海面上四处游弋，伺机猎获送上口的"美味"。

"U-9"号潜艇在荷兰湾附近海域发现了驶来的英国皇家海军三艘巡洋舰。7 时许，"U-9"号潜艇向"胡格"号巡洋舰率先发射鱼雷，该舰的龙骨遭到攻击并向左舷倾斜，舰员纷纷落水，舰艇在 20 分钟内沉没，500 多人罹难。此时"克雷西"号和"霍格"号发现后误以为"阿布基尔"号是碰撞到漂浮的水雷，马上赶来救援，"U-9"号潜艇随即又发射两枚鱼雷击沉正在救援落水者的"阿布基尔"号。8 时，"U-9"号潜艇在距"克雷西"号巡洋舰 1000 米外再次发射 3 枚鱼雷，正撤退脱离现场的该舰于 15 分钟内即告沉没。这次战斗中，英国皇家海军损失 3 艘战舰，共有 1460 名英国船员在这次可怕的攻击中丧生，"U-9"号潜艇也因此创造了海战史上 75 分钟内击沉 3 艘巡洋舰的辉煌战绩。"U-9"号潜艇在创下丰硕战果 23 天后，又击沉了一艘英国皇家海军排水量 7700 吨的"爱德加"级巡洋舰"老鹰"号。

正当德国的所有报刊都在大肆宣扬"U-9"号潜艇的战绩时，德国海军的另一艘潜艇"U-21"号却创造了另一项更令世人瞠目结舌的战绩。几乎就在"U-9"号击沉 3 艘巡洋舰的同时，"U-21"号在艇长赫森的指挥下，竟大胆地闯进了被英军视为"圣地"的爱尔兰海，在英国人的眼皮底下，又击沉了 3 艘英国舰船，甚至于当天夜里竟驶近英国海岸向附近的一个机场炮击,这位赫森艇长,由此有了一个绰号——"海上疯子"。

这些成功的外海战绩充分证明了潜艇的能力。这使得德国威廉二世的海军顾问提尔皮茨上将更加坚定了这样的认识:在打击协约国的商船和摧毁英国人的海上贸易方面,潜艇将是一个更好的武器。于是,德国潜艇被用来辅助封锁敌国海岸,打击协约国商船。

协约国商船一般都单独航行,海军舰艇很难给它们提供保护,尤其是在它们偏离了海上主航道时。1914年10月发生了历史上非常重要的一个事件,德国海军"U-17"号潜艇在挪威南部海域击沉了900吨的英国货轮"格里特拉"号,潜艇在击沉货轮前,命令货船船员全部离船并登上救生艇后发射鱼雷将其击沉,这是战争中德国潜艇首次击沉商船,从此以后,商船也成为潜艇攻击的重要目标。

1915年初,德国海军"U-21"号,只身穿过协约国层层封锁的直布罗陀海峡,抵达亚得里亚海域,协约国做梦都不会想到,德国的潜艇来到了他们的身旁。在两天的时间内,艇长赫森先后击沉了英国的战列舰"凯旋"号和"尊严"号。一战时期,战列舰是当之无愧的海上霸主,赫森和他的"U-21"号远离基地,单枪匹马闯进英军戒备森严的锚地,两天之内将两艘战列舰击毁,一举改写了德军潜艇史上的新记录。

潜艇在一战中显露出强大的攻击威力,整个战争期间,德国潜艇共击沉协约国和中立国船只约6000艘,其中战斗舰艇200艘,运输船5800多艘,总吨位约1800万吨。为了对付德国的潜艇,协约国动用了900多艘驱逐舰和大型护卫舰,德国因此极大地牵制了协约国的海上势力,自此,潜艇在舰艇家族中拥有了一席之地。

第一次无限制潜艇战

潜艇在与水面舰艇、运输船只的战斗中开始发挥越来越重要的作用,但潜艇在一战时还是新式武器。根据国际法规定,战舰要攻击商船,必须事先警告,并保证商船上乘客和海员的安全。但是当时的潜艇既小又脆弱,如果钻出水面提出警告,交战国商船上的枪炮就足以击沉它,德国因此认为,使用潜艇袭击商船不必事先警告,除非英国拆除它商船上的枪炮。

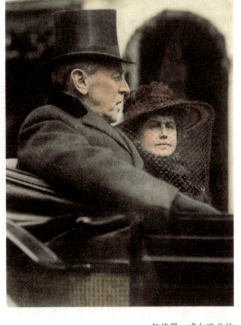

伍德罗·威尔逊总统及夫人伊蒂丝·保琳·威尔逊

为此，1915年2月4日，德国宣布：在英国和爱尔兰周围水域执行"无限制潜艇战"政策，就是将这些区域划为战争地带，任何进入该区域的船只都将被击毁，不予警告。并说鉴于英国政府在1月31日冒用中立国旗帜，也因为海战容易造成不可预见之事件，大不列颠与爱尔兰周围的水域，包括英吉利海峡的全部，由此被宣布为战争区域。从2月18日以后，在此战争区域被发现的任何敌国商船都将被击毁。

尽管德军承诺尽量避免击沉中立国船只，但英国人怂恿自己的船只挂中立国家的旗帜，并鼓励水手穿老百姓的衣服来引诱德国潜艇浮出水面。德国潜艇的舰长们得到指示，保证潜艇安全才是第一要务，因此误袭也就在所难免，德国人希望这样的政策可以吓阻中立国的船只不进入英国的水域。英国对德国的无限制潜艇战大加抨击，谴责德国漠视文明国家的战争法。

德国在公海上的不法行为，也遭到了美国的谴责。德国潜艇战政策一宣布，美国总统威尔逊就要求德国政府必须严格负责美国船只在公海上的安全。因为尽管美国总统奉行"中立"政策，希望同交战双方都做贸易，但由于英国掌握着海上优势，对德国实行严密封锁，所以实际上美国在参战前的对外贸易主要是同协约国进行，与同盟国的贸易额则相对较少，庞大的贸易额使美国与协约国联系在了一起，如果协约国战败，美国几十亿美元的贷款就将付诸东流，经济绳索将美国套在了协约国的战车上。

1915年5月1日，美国冠达海运公司的客轮"路西塔尼亚"号挂着英国国旗离开纽约开往利物浦港。6天后，驶到西南爱尔兰外海域，客轮被德国"U-20"号潜艇发射的一枚鱼雷击沉，包括124名美国人在内的1198人葬身大海。美国立即和英国站在一起，对这场惨剧作出激烈的反应。德国对美国的损失表示遗憾，但坚持"路西塔尼亚"号是英国海军的辅助驱逐舰，载有军火。

1915年3月，英国轮船"法拉巴"号被德国击沉，照英国的说法，德国

德国潜艇潜入英吉
利海峡

潜艇的艇长
不予警告就
开火,杀死了
大约110人,
其中有一个
美国人。后
来才知道,德
国艇长曾经

对"法拉巴"号警告了 3 次,而且是在海平线上已出现了一艘英国战舰之后
才开火的,而且"法拉巴"号也载着大约 13 吨军火。然而威尔逊总统给德
国政府发了照会,把美国政府的政策讲得清清楚楚:"美国政府有义务保
护乘坐挂交战国国旗的船只的美国公民。"

1915 年 8 月,德国潜艇击沉了美国"阿拉伯"号商船,美国总统威尔逊
严正抗议德国人的行为,声称如果德国不停止无限制潜艇战,将断绝与德
国的外交关系。

因为担心美国参战,德国不得不在大西洋和北海停止了无限制潜艇战,
德国潜艇转向美国船只较少光顾的地中海地区,德国第一次无限制潜艇战
告一段落。

"路西塔尼亚"号沉没始末

英国"路西塔尼亚"号的沉没,是德国的无限制潜艇战中的一件大事。

1903 年,"路西塔尼亚"号在苏格兰克莱德班克的约翰·布朗船厂开工,
"路西塔尼亚"号建成时是世界最快的邮船,首次使用了蒸汽轮机代替往
复式蒸汽机,这为它创下新的速度记录创造了条件,从此开创了大西洋邮
船的新纪元。之后,大型邮船纷纷把速度和豪华同时作为追求的目标。

丘纳德轮船公司自豪地称赞"路西塔尼亚"号是"现在大西洋中航行
速度最快和最大的轮船",它的最高速度是每小时 25 海里,比任何潜艇都
快得多。英国海军部考虑到这种有利条件后指出:"快速轮船可以靠曲折
的航行,大大减少潜艇袭击成功的机会,潜艇的水下速度很低,除非它能

预知被攻击船只的航线，否则要进入发动攻击的 方位是非常困难的。"可德国人不这么认为，1915 年 5 月 1 日，德国大使馆在美国报纸上登出声明，称任何乘坐悬挂英国旗帜的商船的美国旅客，其生命安全都得不到保障。1915 年 5 月 7 日，从纽约出发的"路西塔尼亚"号，满载着 1959 名乘客和船员，航行到爱尔兰外海时遭遇了大雾，不得不减慢速度。大雾逐渐散去后，在附近游弋的德国海军 U 20 号潜艇发现了"路西塔尼亚"号，两小时后开火，德国潜艇的一枚鱼雷击中"路西塔尼亚"号舰桥下的船身，紧接着，"路西塔尼亚"号上弥漫的煤炭粉尘引起了猛烈的爆炸。船上的旅客在惊慌失措中拥上了救生艇甲板。船上的秩序非常混乱，又因为船身急速倾斜，只有右舷的救生艇能够使用，所以只有很少的乘客逃离。18 分钟后，"路西塔尼亚"号带着 乘客和船员沉入了大海。但仍有 1198 名乘客葬身大海，其中 124 名为美国 人，幸运的是，附近的爱尔兰渔船迅速赶来，救起了不少落水乘客。

　　"路西塔尼亚"号的沉没在大西洋西岸，引起了极度的震惊，美国和英国指责这是一场针对平民的残酷谋杀。德国报纸则声称"路西塔尼亚"号是一艘军火船，是德潜艇发射的鱼雷引爆军火才导致沉没。

"路西塔尼亚"号
沉没

　　在"路西塔尼亚"号被击沉事件中，德国人的所作所为且不说，至少英国政府是有责任的，它已经提前得到过警告，为什么还要把通过战争区域的船票卖给乘客呢？

　　其实"路西塔尼亚"号的沉没，正中了英国人和美国人的下怀，用丘吉尔的话来说， 这才是"善莫大焉"，这是英国人的计划，也是美国人的目的，当德国在这之后又击沉了几艘美国船只时，威尔逊总统便以潜艇战是"对全人类的作战"为由对德宣战。

其实"路西塔尼亚"号在一战爆发时，被移交给英国海军，并被送往利物浦的加拿大码头，在那里配备上12门6英寸口径的炮。它是作为武装的后备巡洋舰注册给英国海军舰队成员的，而它所装备的武器重量超过了在英吉利海峡巡逻的英国皇家海军舰队。作为首任英国海军大臣，温斯顿·丘吉尔曾参观利物浦并视察了"路西塔尼亚"号。他曾说："对我来说，它只不过是又一个活鱼饵而已。""路西塔尼亚"号沉没后，沉船遗址被发现于1935年。1982年，它的一个四叶螺旋桨被打捞了上来，现在放在利物浦阿尔伯特港的默西赛德海洋博物馆的码头区展出。

在这之后，德国政府已经在私下里决定放弃向客轮开火的做法。但是，1916年3月，一艘德国潜艇抗命行事，不予警告，即向法国轮船"苏塞克斯"号开火，致死大约80人，船上25名美国人中有3人受伤。就是因为沉船上的伤亡人员中有3名美国人，这使威尔逊总统在4月18日威胁说要与德国断绝外交关系。德国政府5月4日作出答复，以"苏塞克斯"号发誓，保证今后潜艇对商船的袭击一定严格按照"捕获法"的规定，为了旅客与船员的安全，在击沉船只之前要先进行调查、搜查并采取预防措施。

威尔逊这位"中立国"的总统，在得到了德国的保证后，便一反常态，打破了美国此前的全部传统，

美国总统威尔逊在国会宣布参加第一次世界大战

144

号召为商船配备美国海军的大炮和海军士兵，并指示他们：凡是遇到冒头的德国潜艇，即行开火。得了这样的指示，美国商船便大摇大摆地驶往战争区域了。

1917 年 2 月 1 日，德国宣布"无限制潜艇战"重新开始。德国宣布开始潜艇战的两天之后，美国威尔逊总统正如他一年前警告的那样，断绝了与德国的外交关系。其实威尔逊总统对此的解释还是比较诚实的，他说道："作为一个参战国的领导人，在和平会议的台面上，美国总统会有一个座位，但是如果他仍然是一个中立国的代表，他最多只能隔着门缝喊。"可见威尔逊总统早已站在协约国一边了。

在恢复无限制潜艇战后的第一个月内，德国潜艇击沉了至少 500 艘船只，东大西洋和北海的中立国船运量因此减少了 75%，尽管潜艇里的条件非常恶劣，但德军潜艇员的士气还是随着每一次胜利而高涨，一些德国潜艇取得了令人瞠目结舌的战绩，他们凯旋回到基地后，立即成了民族英雄。

俄国克伦斯基攻势

　　到了1917年，俄国经历了三年战争，国民经济即将崩溃，人民衰声怨道，资产阶级的"二日革命"因此爆发，沙皇被推翻，代表资产阶级利益的临时政府上台。以克伦斯基为首的俄国临时政府为了巩固其统治，配合西线英法联军作战，决定于当年6月对德奥联军发动大规模进攻，史称"克伦斯基攻势"。

克伦斯基的计划

　　克伦斯基的计划是以俄西南方面军向利沃夫方向对德奥联军实施主要突击，以北方面军、西方面军和罗马尼亚方面军实施辅助突击。在主攻方向上，俄军步兵和炮兵人数分别是德奥联军的3倍和2倍。此次俄军将动用最精锐的部队，包括许多西伯利亚人和芬兰人组成的部队。协约国希望数百万俄国大军在1917年战胜德国。

克伦斯基攻势开始

克伦斯基

　　6月29日，"克伦斯基攻势"在加利西亚开始。布鲁西洛夫指挥着为数不多的还有战斗力的俄军部队向伦贝格进攻。进攻从7月1日发起，俄军第11、第7集团军从波莫尔扎内以东、别列扎内地区向利沃夫实施突击，企图楔入德南方集团军防线，但不久受阻。在南线与奥匈军作战的拉夫尔·科尔尼洛夫将军指挥的俄军第8集团军却推进了30多公里，其侧翼的罗马尼亚军队和俄国军队也取得了一些战果，但这只是短暂的胜利。被俄军的攻势所震惊的德军统帅部将13个德国师和3个奥匈师由西线调到东线，使其兵力几乎增加了1倍。随着德军抵抗的增强，以及俄军后勤供应的中断，俄军的战斗热情和纪律性急剧衰退。7月19日，温克勒尔将军指挥的德奥联军队从佐洛切夫、波莫尔扎内地域转入反攻，沿利沃夫至捷尔诺波尔铁路实施主要突击。俄军第11集团军无心恋战，几乎未作抵抗，便大批撤出阵地，向后方退却。

20日，罗马尼亚方面军所属俄罗各集团军向福克沙尼、多布罗加发起突击，一度进展顺利并粉碎德奥联军的反突击，但因其他战线失利，被迫于26日停止进攻，后在德奥联军反击下撤至国境线。25日，德军攻占捷尔诺波尔，迫使俄西南方面军在28日撤至原出发地以东布罗德、兹巴拉日、兹布鲁奇河一线。

此时，俄国战线实际上已经瓦解，成建制的部队逃亡，在这之后很少有激烈的战斗，德军和奥匈军如入无人之境。在1918年到来之前，德奥联军队已经清除了俄军在加利西亚的残余。在整个7月间，俄军仅西南方面军就损失13万多人，各方面军伤亡和失踪的总数超过15万人。俄国6月进攻没有取得进展的主要原因是士兵厌战、不愿替资产阶级打仗，俄军之间协同不紧密，各方面军内的指挥不力，而且弹药物资缺乏，后备兵力不足。

1917年9月1日，冯·胡蒂尔指挥德军第8集团军攻击俄军战线的北端，并在德维纳河的西岸实施牵制性进攻以威胁里加。与此同时，德军三个师通过浮桥渡过该河并包围了要塞，同时准备对俄第20集团军发动进攻。长时间的预先炮火准备已被省去，代之以短促而猛烈的集中射击，随后步兵立即实施攻击。俄军第20集团军陷入一片惊慌，并向东逃窜。

此时的俄国国内，经过"十月革命"列宁领导的布尔什维克与工人代表

一战中的俄军士兵

苏维埃已获得了政权。

　　此时的俄国经历了三年战争，国民经济濒临崩溃，大部分工厂因缺乏
原料而无法开工，各种生活必需品十分紧张，工人和农民的不满情绪日益高
涨，无产阶级专政的阶级基础受到削弱，苏维埃政权面临着严重的经济和
政治危机，在这种情况下，结束战争以争取喘息的机会就显得尤为重要。列
宁根据当时苏维埃国家刚刚建立，红军正在组建之中，国内反革命力量还
很猖獗等情况，为了巩固新生的苏维埃政权，苏俄必须迅速退出这场帝国
主义战争。

　　1918年11月8日，列宁签署《和平法令》，宣布俄国退出第一次世界
大战。

帕斯尚尔战役，胜得很惨烈

　　1917 年 7 月 15 日，帕斯尚尔战役开始，又称为第三次伊普雷战役，此战役一直持续到 11 月 6 日结束。此战役是英军统帅率领部队攻占比利时的帕斯尚尔，以摧毁德军在该地的潜水艇基地为目的。这是一场残酷的拉锯战，伤亡人数惊人，联军共有 32.5 万人伤亡，德军则有 26 万人伤亡，战役最后以英军和加拿大军队攻占帕斯尚尔而宣告结束。

乘着胜利前进

　　1917 年下半年，英军希望攻击佛兰德沿海的德军潜艇基地，以加速德国的崩溃。7 月 15 日，英军在伊普雷开始炮击德军，这次炮击是道格拉斯·黑格策划已久的宏大进攻的序幕。从炮火强度和炮击的持续时间看，这次炮击比凡尔登战役初始阶段的炮击还要猛烈，也比一年以前的索姆河战役猛烈。英军在 15 英里（1 英里约为 1.6 公里）长的战线上，布置了 3000 门大炮，其密度是索姆河战役的两倍，英军在一天一夜的暴风骤雨式的炮击中，向对面的德军阵地泻下大量的炸弹、榴霰弹和毒气弹。截至 7 月 31 日，英军总共炮击 400 万发炮弹，其中有 10 万发毒气弹，而英军在索姆河战役只轰击了 100 万发炮弹。这次的炮弹总重达到 6.5 万吨，德军第 4 集团军造成了 3 万人的伤亡。

　　被英军炮火轰击的阵地，本来就因密布的弹坑和碎石而呈现

今日佛兰德

149

在炮舰的掩护下，
英国士兵准备进发

荒凉的景象，现在
又被彻底翻腾了几
遍，把活人埋入地
下，把死人挖掘出
来炮轰的过程中，
炮击地区的排水系
统被破坏了，如果
雨季来临，雨水将
无处可去。

有严重问题的计划

　　此时，道格拉斯·黑格的状况与尼韦尔较早时的态度十分类似：他拒绝听取任何人的质疑（斐迪南·福煦称道格拉斯·黑格的计划是"无用的、幻想的、危险的"），坚持自己的主张。他的目标就是发动步兵和坦克攻势，在第一天内就把德国人逼退至少 3 英里。他计划在第 8 天的时候，把德国人逼退至少 15 英里。一旦英军占领铁路枢纽鲁莱斯，一个经过特殊训练的英军坦克师将在德军防线后面的海港登陆。位置在伊瑟河入海口的英军第 4 集团军，将在皇家海军的舰艇大炮的掩护下向东移动，前去接应登陆部队。德国人到时候会因兵力不足而无法组织新的防线，最终被迫撤离海岸线。

　　道格拉斯·黑格的这个计划，存在一个严重的问题，那就是保密问题。德国人已经知道了道格拉斯·黑格的企图。道格拉斯·黑格除了掩盖两栖登陆的秘密外，消极地听任英军的军事秘密外泄。德军通过空中侦察和环绕伊普雷低矮山岭上的观察哨所，能清楚地看到英国历史上最大的军队和武器装备的集结。就在英国人忙于备战时，德军从其他战场调遣 14 个师的兵力来到伊普雷，其中 4 个师来自东线。德国将军鲁登道夫派佛里茨·洛斯伯格到伊普雷担任德军第 4 集团军的总参谋长，此人是德军新灵活纵深防御战术的最早策划人。洛斯伯格谋划了 50 多天，他一来就提高了德军指挥官的信心。"我能平静地对待未来的进攻，因为我们从来没有这么多后备部队，他们所受到的训练与前线的士兵一样好。"巴伐利亚王储鲁普雷希特在日记中记录了伊普雷德军当时的情势。

天气是一个必须考虑的问题

德军在 7 月 10 日发动了一次先发制人式的袭击，目标是伊瑟河上的一个桥头堡，英军本想将这个桥头堡作为出发点，向东与登陆部队会合。这次袭击迫使大部分英军退回伊瑟河西岸，在这个过程中德军又发现了一个隧道，原本英军计划在发起总攻前利用这个隧道去炸毁德军的关键据点。这个隧道的发现证实英军在海岸线上正在策划一个大的行动。为此德军占领了伊瑟河东岸的一些高地（相对于佛兰德的地势而言），这就使得英军处于极为不利的地位。

双方战役准备的规模异常巨大，譬如，洛斯伯格为了修筑他的第一道防线，需要建筑碉堡和为反击部队准备地下掩体，这些建筑工作对沙砾有无穷无尽的需要。于是德国人在荷兰购买沙砾，用川流不息的火车通过比利时运输到前线。

尽管英国元帅道格拉斯·黑格将成败系于气候的好坏，但他的热情很高。劳合·乔治认为道格拉斯·黑格不会成功。丘吉尔也认为道格拉斯·黑格不会成功。劳合·乔治在 7 月任命丘吉尔为军需大臣。尽管保守党坚持不准丘吉尔进入关键的政府战争委员会，但是丘吉尔还是毫不犹豫地表达了自己对战争政策的观点。法国将领贝当甚至比斐迪南·福煦更相信道格拉斯·黑格不会成功。但是，道格拉斯·黑格十分自信，这很可能是因为他手中握有大量的战争资源。此外，他对法国人有难以掩饰的轻蔑，所以他觉得尼

反映帕斯尚尔战役的电影海报

151

剧照：英军在进攻

韦尔失败的地方就应该是他能成功的地方。但是西线的进攻至今为止都变成了没有意义的流血牺牲，这为怀疑道格拉斯·黑格的人提供了足够的理由。

天气是一个必须考虑的问题。佛兰德的天气一直很干燥，但是很有可能要变天。道格拉斯·黑格决定不再浪费时间。随着无雨的日子一天天地过去，这时，道格拉斯·黑格的计划，却没有按照顺序实现，情势越来越紧张。道格拉斯·黑格作出了一个让年老的高级将军们十分失望的决定，他任命仅47岁的集团军司令官休伯特·高夫负责战役的主攻。道格拉斯·黑格挑选高夫，是因为他胆子大，又渴望战斗，也因为他与道格拉斯·黑格一样都是骑兵出身。高夫是一个草率的军事指挥官，他身边的参谋人员都以傲慢著称，但都缺乏实际作战经验。在伊普雷，管理数目巨大的人和物比发动冲锋还要重要，所以道格拉斯·黑格的困难逐步显现。高夫在7月7日报告说他的准备工作没有按时完成，并说他怀疑位置在左翼的法军是否能及时准备好。他说他需要更多的时间。道格拉斯·黑格（他应该记得拿破仑对将军们说的话——"除了时间之外，其余都可以向我要"）明确拒绝了。两位将军6天后再次见面，高夫再次要求拖延。他说还需要5天的时间。道格拉斯·黑格给了他3天，战役开始时间从7月25日修改到7月28日。7月17日，英军继续炮击，但是出现了大雾，准备工作受阻，不得不再次推延3天。道格拉斯·黑格知道，每推延一天，雨季的危险就多一天，给自己军队的痛苦就多一分，他非常焦急。

黑格被激怒了

法国首相劳合·乔治和战争政策委员会处于两难的境地，一方面，这次进攻有可能变成一次惨败，另一方面，阻止这次进攻有可能演化成一场政治危险，这种境地似乎导致了决策层的瘫痪。英法联军炮兵轰击已经持续了5天，他们仍然没有批准道格拉斯·黑格的进攻计划。最后，他们在7月20日不得不作出抉择，终于给予道格拉斯·黑格发动进攻的自由。不过，他们十分吝啬，不仅要求道格拉斯·黑格在战斗不能很快成功的情况下必须立即停止进攻，而且要求他明确战斗的目标。道格拉斯·黑格被激怒了。但是，道格拉斯·黑格表达愤怒后，又收到另一条通知，这条通知说委员会给予他"全心支持"。自此，一切方才开始快速运转起来。从7月22日起，联军炮轰的强度加大了。7月26日，700架英国和法国飞机升空，清除了天上的德国飞机。两天后，最后一个阶段的炮击开始，此次炮击的目的在于清除德军的炮位，但英军的炮位损失也很严重。双方的炮击由于大雾而提前结束，大雾使双方都无法发现敌人的目标。大雾天仍然在持续。英军开始向被炮火打得千疮百孔的地带移动，大地此时仍然是干燥的，前两周里，有几场小雨，但危害不大。

进攻终于开始了

7月31日凌晨3时50分，进攻终于开始，参加进攻的有17个师的英法联军士兵，另有17个师的协约国士兵在后面等待。在战线北端，有两个法国师保护英国将军高夫部队的侧翼。在另一端是法军普卢默的第2集团军。这个集团军目标是，占领几个据点，守住梅西讷岭，使之成为支持高夫进攻的支点。高夫指挥的10个师是发动冲击的主力，目标是迫使德国撤退，为后续部队开辟战场。他在大约7英里长的战线上有2.3万门大炮，每6码（约5.5米）就有一门大炮。高夫的部队、普卢默的部队、法国部队加在一起，大约有50万人。

德军的前线防守部队严阵以待，机关枪密布得如同大黄蜂蜂巢，他们

帕斯尚尔战役中的
德国士兵

之后是德军第4集团军的20个师,他们被分成4组:9个师靠近前线,后面跟着6个师,他们后面还有2个师,最后3个师布置在更远的后方。无论英军和法军在何处撕开一个缺口,德军后备部队都已经准备好上前填补这个缺口。

进攻开始后,道格拉斯·黑格计划中的某些部分被准确实现。高夫侧翼的部队进展良好,部队在遇到较小阻力的情况下达到目标。即使在中路,前锋部队也找到办法攻破德军的第一条地带(第一道防线本该如此退让),进入第二道防线。在有些地段,部队前进了2英里,而在另外一些地段只推进了半英里。英军最后几小时的狂乱的炮击打散了德军,有6000名德国人被俘。下午,一场小雨淋洒在战场上,英军的前锋已经脱离英军炮火的保护,突出暴露在德军安置在北面和南面的高地上的野战炮攻击范围内。这些德军野战炮本应已经被摧毁,但是由于大雾遮掩而逃过一劫。此时英军遭受严重损失,被迫后退。高夫的进攻部队拥有52辆坦克,其中22辆在前进中损坏,19辆在德军炮火的攻击下退出战斗。到下午快结束时,英军的进攻停顿下来,小雨变成大雨。道格拉斯·黑格此时也许并不知道英国伤亡高达2.3万人,他把这次战斗与索姆河第一天的战斗进行比较,然后向伦敦报告说:"非常令人满意,对这么大的战役来说,伤亡应该算是轻的。"

同一天,教皇给协约国的政府和同盟国的政府发去了信件,表示愿意出面协调和平谈判,只要不涉及领土纠纷就行。像以前一样,教皇的条件是柏林必须答应放弃比利时,德国再次无法接受。年轻的外交大臣理查德·冯·库尔曼决定不理睬教皇的新建议,直接与伦敦对话。他希望与英国达成一项秘密的排他协议,以德国撤出比利时为条件,要求英国停止与德国为敌。但是,德国新首相米凯利斯顺从了鲁登道夫的意志,鲁登道夫坚持德国不仅要实际控制大部分比利时国土,还要占领法国隆维—布里埃的铁矿和煤矿,还要获得非洲的一大片土地。与此同时,还有几个无关紧要的谈判也在进

154

行之中。比如，奥地利和法国以多种方式多次进行谈判，但是毫无结果，因为双方的决策人都决心让和平协议先满足自己的意志。米凯利斯在整个谈判事件中的表现令人失望，他与贝特曼—霍尔威格一样成为德国议会攻击的对象，三个月后他不得不辞职。

道格拉斯·黑格恢复进攻

8月2日，道格拉斯·黑格恢复进攻，但天公不作美，突然的大雨形成了洪流。由于佛兰德的排水系统被联军炮击而毁坏，每一个弹坑都充满了水，大地变成沼泽，沼泽深度无人能用脚触到底。坦克难以行进，飞机不能飞翔，德军的大炮却在雨中发挥了作用，夺去了更多英国士兵的生命。道格拉斯·黑格继续努力向前。又过了两天，大雨继续下着，英军和法军的伤亡人数已经达到 6.8 万，他最终命令停止进攻，等待雨停大地变干燥后再进攻。

对部队来说，停止战斗并不意味着解脱。一名英国军官记录下他一整天躲在从德国人手里夺下的掩体中的经历：“里面只有 5 英尺（1 英尺约为 0.3 米）高，可是水就有 2 英尺深。令人讨厌的水，水里尽是垃圾，有旧罐头，甚至有人的大便。当炮弹在附近爆炸时，臭味越发散发出来，十分强烈。我们幸运地找到德国人建筑的一个水泥架子，高出地面 2 英尺。我们 4 个军官和其他 6 个人在水泥架子上过了一夜。根本没有地方躺下，也没有房间可

帕斯尚尔战役中的比利时士兵

155

供站立，我们基本上是蹲伏着。碉堡外是一个大炮弹坑，里面都是水，出去的唯一办法就是通过一块 1 英尺厚的木板。水坑里有一具德国兵的尸体，估计已经有很长时间了，那尸体一会儿浮起来，一会儿又沉下去。炮弹坑里有许多尸体和伤员，伤员哭喊着要求帮助，但是后来哭喊声渐渐地衰弱下去。"

重新发动进攻

8 月 10 日，道格拉斯·黑格终于等来一次重新发动进攻的机会。这又是一场战果有限但代价高昂的胜利。战斗刚结束，道格拉斯·黑格又开始策划在 8 月 14 日继续进攻。但是，天又下雨了，致使道格拉斯·黑格不得不拖延一天，后来又决定拖延两天。当战斗重新开始时，战斗结果又恢复了往昔的样子：伤亡很大，几乎没有战果。道格拉斯·黑格坚决不放弃，他有足够的理由不放弃，他给伦敦的承诺也迫使他不能放弃。这次与过去不同，他决定改变进攻方向。

至此，一战的伊普雷第三次战役的第一阶段结束了。在三周半的时间里，道格拉斯·黑格的联军部队前进了 2 英里，这大约就是他原计划中第一天目标的一半。两栖登陆占领鲁莱斯的作战还没开始。随着局势逐渐变得明朗，英军经过评估，已无法占领鲁莱斯，两栖登陆作战部队随后悄悄地解散了。双方都在撤换伤亡过大的部队，德军换了 27 个师，英军换了 14 个师。在伦敦，劳合·乔治首相抱怨道："血和泥，泥和血。这些人想不出什么更好的。"

联军进攻的重点从高夫的部队，转移到普卢默的第 2 集团军身上。普卢默在伊普雷参与指挥作战已经有两年了，士兵对他都很忠诚，这是因为他像贝当一样关心士兵的福利，不愿浪费士兵的生命。他的士兵都有较高的士气，渴望战斗。与高夫和道格拉斯·黑格不同，普卢默非常注意研究德军的新防御体系。他设计了一种反攻战术，这种新战术来自梅西讷岭战役的经验。道格拉斯·黑格批准了他的战术，要求他在 3 周内做好准备。与此同时，道格拉斯·黑格被召回伦敦，与劳合·乔治和战争政策委员会开会。会议还是像以前那样令人感到沉闷。道格拉斯·黑格坚持不击溃德军不罢手。罗伯逊继续支持道格拉斯·黑格。会议结束，道格拉斯·黑格回到法国，他的权力丝毫没有被削弱。这使得英国首相感到异常不愉快。

帕斯尚尔战役中的英国士兵

此刻，道格拉斯·黑格低估了自己的实力。普卢默反攻战术完全可以打破德军的防御体系，其关键就是要削弱德军的优势，扩大其弱势。像大多数伟大的作战计划一样，普卢默的反攻战术既简洁，又充分考虑了战场的实际情况。首先，普卢默降低了对战果的苛求，要求联军前进的距离不超过1英里，考虑到当时德军防线的厚度和强度，这个目标还是比较实际的。其次，虽然协约国自1914年开始就谋求突破德军防线，但实际上这仅是一种幻想，即使希望前进几英里也是不可能的，原因是德军反攻能力提高了。普卢默及其参谋们总结出一个被别人忽视的作战原则：英国发动进攻的时候要用巧劲，前进的距离要比较小，小到德军懒得发动反击，这样才能逐渐地智取德军的防御体系。把一系列小的进攻累积在一起，就能迫使德军后撤而丧失防御能力，英军的运动战最终能消耗尽德军的兵力，使得德军难以生存。

普卢默将军是个精明的人，从来不靠小聪明取胜。他利用9月的前3周时间集结了大量炮弹，其强度甚至超过7月和8月的炮火。英国人有福气，天气帮了大忙，这3周内突然停止下雨。经过周密的准备工作，英军安置在前线的大炮每5码（约4.5米）距离就有一门。德国人遭受了5拨炮火轰击，每一拨炮击针对一个杀伤地带，每个地带的深度有200码（约180米）。第一个地带全部是榴霰弹，第二个地带是炸弹，第三个是间接机关枪射击（"间接"指的是机关枪射手由于看不见目标，于是向天上射击，让子弹从天上落到敌人头上），最后两个地带多为炸弹炮击。任何一处德军阵地，都会依次成为一种英军炮火轰击的地带，英军的炮火就像一阵几分钟变化一次的暴风雨一样，覆盖着从德军前沿阵地延伸到后面半英里远的地域。按照计划,普卢默的炮兵部队在步兵进攻前,一共炮击350万次。

占领了德军阵地

普卢默的行动有比较好的隐蔽性,早前他就占领了地势较高的梅西讷岭,德军设置在岭上的观察哨所被消灭,此外他的部队跟随着高夫的部队的侧翼向前推进,也具有一定的隐蔽性。9月20日,他发动进攻,步兵紧跟着"徐进式弹幕炮击"前进,那些没有被炮击杀伤,也没有来得及撤退的德国兵没有进行多少抵抗就投降了。进攻部队达到预定目标后,立刻停止前进,匆忙地建筑防御工事。德军的主力此时正在后面等待英军前来袭击。等到德军主力发现英军当天的任务完成不再前进时,此时天色已晚,德军没有时间发动有效的反击。整个战斗既快速又干净,在有限的范围内取得彻底的胜利。不过,德军大炮在英军进攻时猛烈轰击,使得英军的伤亡也非常大,约有2万人战死。尽管有如此大的伤亡,但是这次战斗清楚地向双方表明战争游戏进入了一个新阶段。德国人感到害怕,而英军指挥官则得意洋洋。

英军在这次进攻中不仅占领了德军的阵地,而且还占领了一些德军的设施——碉堡和掩体等德军新防御体系中的重要组成部分。这破坏了德军的防御体系,痛击了德军的弱点。普卢默看清了这种情况,迅速在9月26日再次炮击德军阵地,发动步兵进攻,这次战役史称保利根伍德战役。当时的天气很晴朗,数十架英国和法国飞机低空飞行,用机关枪扫射德国守军,并向德军阵地丢下炸弹。在又一次可怕的弹幕轰击之后,英军步兵在4英里宽的战线上按计划只前进了半英里,德军主力只是观望并没有发动反击。德军又丢失一批据点。如果再出现几次如此战况,德军将失去更多的防御阵地。

此时绝望的德军放弃新的防御体系,重新拾起老的防御战术,安排大量部队组成强大的防线阻止英军。普卢默却在准备下一次的打击。

雨一直在下

10月3日,一场细雨落下。第二天早晨雨还在下,英军将冒雨对德军展开进攻,这场战役史称布鲁克森战役。

一战时，帕斯尚尔
战役的装甲车

　　这一天是德国人的灾难，战斗比 9 月 20 日和 26 日还要惨烈。普卢默的
弹幕轰击了大量德国部队。由于德国将军们太渴望消灭英国进攻者，把后
备部队安置得太靠近前线，这些部队也没能逃脱普卢默为他们安排的地狱
般的炮击。英国部队只前进了 700 码（约 640 米）就停止了。在这次战斗中，
德军伤亡 3 万人，英军伤亡 2.5 万人。如此高伤亡率，英国人感到痛苦，德国
人也同样无法承受这么大的伤亡。

　　坐镇德军总部的鲁登道夫对来自佛兰德的失败感到惊慌，开始想方设
法发动进攻，希望从伊普雷吸引走英军的兵力。他实在想不出什么好方案。
德军此时缺乏足够的兵力，贝当继续在凡尔登发动进攻，其他几个战场的
法国部队也恢复了令人信赖的战斗状态。鲁登道夫命令第 6 集团军切换回
新防御体系。这样做至少能使大部分德国部队避开英军的大炮轰击。除此
之外，德军毫无伎俩可施。鲁登道夫在回忆这段时间时说："西线的战斗变
得非常严峻，代价极高，德国部队从来没有经历过如此严重的局势。我感到
压力很大。西线的局势似乎影响我们在其他战场执行既定计划。我们的消
耗量是如此之大，引发了严重的疑虑，没有人曾预见到这样的局势。"

　　德国人的转机从天而降。那场从 10 月 3 日开始的小雨，转变为连绵细
雨，几天后转变为倾盆大雨，大雨不停地下着。佛兰德变成一个巨大的浅水
湖，每个弹坑和低洼地都装满了水。此时结束第三次伊普雷战役应该说正
是时候，英军将领在 10 月 7 日开会时，普卢默和高夫都偏向立刻结束战斗。
道格拉斯·黑格不置可否。此时，普卢默的部队已处境不利，在即将来临的

冬天中，如果不付出异常的艰辛，根本不可能守住它。一种解决方案是撤退回地势较高、较干燥的地带，这个方案对道格拉斯·黑格极为不利，道格拉斯·黑格为获得目前的战果付出了极大的代价，劳合·乔治肯定会作出不利的反应。道格拉斯·黑格宣布，唯一可接受的解决方案就是继续推进，占领帕斯尚尔岭，这是一条像蛇一样弯曲的山岭，梅西讷岭是其一部分。事实上，所有的英国部队都处于破烂不堪的状态，而此时来自英联邦的澳大利亚、新西兰、加拿大的部队则发挥了主要作用。

胜利的代价太大

一场激烈的战斗于 10 月 9 日在激情谷展开，作战条件非常艰难。天下着雨，水淹没了地面上几乎所有的东西，水的下面是泥，泥深得不见底。人行走困难，几乎找不到落脚点，大炮难以移动，安置好的大炮也发生晃动。大型炮弹被淹没看不见踪影，轻型铁轨也被淹没。运输炮弹的唯一办法是用骡子运送，但是许多骡子被淹死了。大炮轰击后，炮弹并不爆炸，因为烂泥太软而无法触发导火索。此时位于中路的澳大利亚和新西兰部队受到机关枪射击，只能挣扎着退回到出发点。伤员无法带回，都淹没在烂泥中了。

一名在战场上负责侦察的澳大利亚军官说："斜坡上布满了死尸，有德国人的，也有我们的。我钻进一个碉堡，发现大量死尸。出来后，我又小心进入下一个碉堡，发现有 50 名来自曼彻斯特的英国兵还活着。我从来没有

英军士兵在战场上

160

一战时，帕斯尚尔战役运兵车

见过受损如此严重的部队，士气非常低落。他们在碉堡后面蜷缩着，处于极度的疲惫和恐惧之中。德国人一整天都在射杀他们，已经有 57 人被杀，死去的和即将死去的人堆放在一起。伤员很多，没人照顾，极度虚弱，他们呻吟着，抱怨着……有的伤员已经待在那里四天了。"这位军官继续侦察，他发现另一掩体，里面有"24 个伤员，2 具德国兵尸体，外面有 6 具德国兵尸体，尸体处于不同程度的腐败。恶臭难忍……天亮了，我的周围 20 码（约 18 米）内有 40 具死尸，整个峡谷里到处都是死尸"。

加拿大的部队被选为主攻部队，这让部队的指挥官阿瑟·柯里出现顾虑。他预测占领帕斯尚尔将给他带来 1.6 万人的损失，但他并没有拒绝执行命令。他率领部队在 10 月 26 日发动进攻，遭受惨重伤亡，但也造成德军严重的伤亡。他的进攻在还没有攻下帕斯尚尔岭的情况下被迫停止了。加拿大部队 4 天后再次发动进攻，结果一样。除了其他的磨难外，士兵们在帕斯尚尔战役中极度缺少饮用水。运水和运炮弹一样困难，四处都是沼泽，沼泽里布满了废物和死尸，有人的，也有动物的。

直到 11 月 6 日，没有多少作战经验的加拿大部队才基本上把德国人赶出帕斯尚尔岭，但战斗异常惨烈，正如柯里预测的那样，加拿大部队伤亡了1.6 万人。最后的进攻 4 天后展开，加拿大人巩固了自己的阵地，帕斯尚尔战役结束了。在 3 个月零 1 周的时间里，协约国军队共前进了 4.5 英里，占领了一些阵地，这次战役，道格拉斯·黑格称之不是对 1918 年到来的战争里，能起到极好的开头，但是一些较冷静的将军却认为夺取的这些阵地毫无价值。

意大利"背叛"，卡波雷托灾难

在意大利战线，却发生了意大利的"背叛"。意大利本是同盟国成员，后投向协约国。战争前，意大利与德国、奥匈帝国组成"三国同盟"，但意大利在战争中却加入了协约国，并在1915年5月22日对奥匈帝国开战，根据德国与奥匈帝国的同盟国关系，也就意味着意大利要对德国开战。但意大利财政枯竭，而且惧怕德国，决定暂不对德国宣战。直到1916年8月28日，当意大利认为国家安全得到了保障，这才对德宣战。德国鄙夷意大利，视意大利这种行为为背叛。奥匈帝国称意大利为"背信弃义的意大利"。

坐山观虎斗的意大利

在一战前，意大利是"三国同盟"中的一员，"三国同盟"是一个包括德国、奥匈帝国和意大利在内的共同防御公约组织。一战刚开始，德国最高统帅部就对意大利放心不下，担心其加入协约国一方，从而改变战局，使奥匈帝国遭受打击。所以德国人对意大利不抱什么幻想，不过在一战爆发前，德国为了让意大利在奥匈帝国侵略塞尔维亚的战争中保持中立，还是征询了这个盟国的态度。

意大利当时保持了中立，但意大利逐渐看到了德国和奥匈帝国在战场上失利的表现，譬如，1914年奥匈帝国在东线遭遇了挫折，而德国也被裹挟进来，为了对付即将冲过喀尔巴阡山山口和扫荡匈牙利平原的俄国人，德国不得不支援奥匈帝国，另外，奥匈帝国对塞尔维亚轻率的进攻也损失惨重，意大利人觉得保持中立无利可图，不愿意再保持中立，产生了加入协约国的打算，这样一来，战局就会改变，使奥匈帝国遭受更大的打击。

德国看情况不妙，决定支持意大利对于领土的要求，以换取意大利继续保持中立。但意大利要求的这块领土属于奥匈帝国所有，奥匈帝国不愿意拱手让给意大利，于是意大利一边与奥匈帝国谈判，一边秘密同协约国谈判。

随着俄国的猛烈进攻，奥匈帝国已不可避免地失败了，意大利人也对德国和奥匈帝国彻底死心。意大利认为，在奥匈帝国垮台之前，他必须与奥匈帝国撇清干系，正式加入协约国，这样他们才能参与对垮台后的奥匈帝军的瓜分。而且，协约国对于意大利对奥匈帝国的领土瓜分的要求，更为慷慨。

一战时的意大利士兵

意大利的"背叛"

意大利最终在 1915 年 4 月同协约国秘密签订了《伦敦条约》，这个条约规定，协约国将给予意大利蒂罗尔、的里雅斯特、伊斯特拉、达尔马提亚海岸的一部分和希腊人聚居的多德卡尼斯群岛的领土。还允许意大利扩大其非洲的殖民地和参与瓜分奥斯曼帝国。

意大利作为对协约国的回报，将在 1915 年 5 月 22 日对奥匈帝国开战，根据德国与奥匈帝国是同盟国关系，也就意味着意大利也要对德国开战。但意大利财政枯竭，而且惧怕德国，决定暂不对德国宣战。直到 1916 年 8 月 28 日，当意大利认为国家安全得到了保障，不再惧怕德军报复时，这才对德宣战。德国鄙夷意大利，视意大利这种行为为背叛。奥匈帝国的康拉德将军称意大利为"背信弃义的意大利"。

意大利加入协约国，却成了协约国的一个累赘。在经济上，协约国必须

一战中的意大利士兵

承担对意大利援助的义务，因为意大利的装备太拙劣了，既缺乏生产重武器的手段，又没有钱购买。英国过去还可以依靠法国的煤来提供能源补给，可如今法国东北部的煤矿被德国占领了，英国自己不能就地得到煤炭补给，却不得不把自己国内宝贵的燃料运给意大利，以供其工业和船舶之用，因为只有意大利海军能把奥地利潜艇围困在亚得里亚海。

若在一个厚道而灵活的领导人手下，意大利军队是可以装备完善的。但意大利军队总司令路易吉·卡多尔纳将军不是这样的人，在他的管理下，意大利军队战斗力非常弱。不过，意大利加入协约国，对于一战战局的改变，还是起到了一定作用的。

双方的战场形势

意大利参加协约国一方，对奥匈帝国的打击很大，奥匈帝国康拉德将军对意大利发出一连串的武力威胁，但却没有力量付之实施。因为奥军正在俄国战线挣扎求存，只能抽1万士兵来守卫奥匈帝国和意大利的边界。

这奥—意战线480英里长，有曲线的山脉障碍，在南部和东北部环形战线上，任何对意大利的进攻或防御，都有利于奥军。意大利将军卡多尔

行进中的意大利士兵

纳知道,向多洛米特或卡尼克山脉突击,将招致全军覆没。这里的阿尔卑斯山脉有险峻的山口和隘路,只有受过专业训练的阿尔卑斯山地部队才能攀登。

　　在西北部,在对意大利形成威胁的特兰提诺(南蒂罗尔的一部分),奥军在参差不齐的山顶后面掘壕固守。意军要在这里进行任何突击,得攀登深沟高垒的阿迪杰山谷,而且可能会在特兰托狭长深谷甚至更为崎岖的勃伦纳山口遇到伏击。 在东面,奥匈帝国在亚得里亚海的唯一港口的里雅斯特的入口也有天然的障碍相阻隔,这里似乎才为意大利进军提供了某种希望,但也只是与两个其他防区对比而言。伊松佐河从尤利安阿尔卑斯山脉的峡沟倾泻而下,然后缓慢地流成沼泽,最后注入亚得里亚海。奥军的据点就设在伊松佐河东岸的渡口上。在这些集中防御的中央,是戈里齐亚这个设防城市,在它的北面是巴因西扎高原,这个城市的南面是海拔九百英尺、陡峭、荒芜、尖削的石灰石悬崖的卡尔索高原。

　　在这些障碍后面,是耸入云端的德军的阿尔卑斯山峰,由训练有素的德国阿尔卑斯军守卫着。当时一位战略家总结道,意大利的困境是:"不攻占山脉,伊松佐河是不能渡过的,而不渡过这条河,山脉是不能攻占的"。

在对的里雅斯特、伊斯特拉和其他领土提出要求之后，意大利政府知道，这些领土首先要靠武力征服来获取。意大利路易吉·卡多尔纳将军没有其他更好的办法，不得不命意军在特兰提诺沿着伊松佐河发起攻势。

11 次血腥而徒劳的战斗

意大利与奥匈帝国的伊松佐河战役发生于从 1915 年 6 月至 1917 年 9 月，在一条 60 英里战线上进行的，双方共进行了 11 次血腥而徒劳的战斗。当然，协约国是非常乐咳使意大利卡多尔纳将军去冒险的。英法认为，如果能够迫使奥匈帝国两线作战，东面对付俄国，南面对付意大利和塞尔维亚，奥匈帝国这个君主国就要崩溃。即使协约国估计有误，德军为了支撑摇摇欲坠的奥军，也得从西线调兵，这样就能缓解协约国在东线战场上的压力。但事情的发展却是完全不同的。

意大利的卡多尔纳将军无视伊松佐河缓慢地蜿蜒流向亚得里亚海沿途的泥淖平地和沼泽，只看到不远处的平坦平原。他毫不在意戈里齐亚城堡所保卫着的笔直的高山悬崖，带领意大利军队试图夺取面对戈里齐亚的 60 英里宽的桥头堡。卡多尔纳还决定让意大利军队沿着 125 英里的前线进攻。

卡多尔纳

伊松佐河防区的指挥权表面上由德奥联军大公欧根·冯·哈普斯堡掌握，但实际上掌握在斯拉夫将军博罗耶菲茨·冯·博伊纳手中，他的部队包括有经验的山地部队。卡多尔纳用 2 个意大利集团军来对付这些山地部队，力求占领特兰提诺突出部。意军经过代价高昂的战斗，攻占了突出部的边缘，但在其他地方，意军则都失败了。

沿伊松佐河的战斗于 6 月 23 日开始, 尽管战斗的激烈程度时有变化, 但结果却没有变化。的里雅斯特就在意大利军队眼前, 然而对于卡多尔纳来说, 他永远无法获得这块领地。

　　意军的血战历经夏秋两季, 其间有短暂的间歇期以补充人员、器材和给养, 但是到 12 月初防区冰封之时, 意大利人虽付出了巨大代价, 但只在敌人防线上留下几处孤立的突入点。

　　在 1915 年年末至 1916 年年初整个冬天, 奥匈战线相对来说处于休战状态。但春天阳光的温暖, 激起了康拉德将军要攻下罗马的雄心。他集合了阿尔卑斯军的奥匈军队 2 个师, 乘春天融雪的时刻发动进攻, 直扑没有准备的意军。奥军把意军赶过伦巴第原, 这促使意大利的维克托·艾曼努尔三世要求沙皇发起进攻, 以围魏救赵, 缓解意军的压力, 结果, 俄国的勃鲁西洛夫将军进攻了, 而进攻意军的奥军却被抽调去对付俄国人。

　　奥匈帝国军队中的斯拉夫人, 对俄国人并无恶感, 同俄军的作战显得心不在焉, 有时竟给自己的日耳曼军官捣乱。但他们对意大利的背叛的忿恨却是始终存在的, 这是他们在沿意大利战线获胜的一个因素。他们一经被调往东线后, 意大利战线剩下的奥军就退守山区了。卡多尔纳利用这个有利条件去进攻特兰提诺, 但他唯一所获的是几平方英里的阿尔卑斯山的岩石而已。在 1916 年余下的那段时间里, 意大利和奥匈帝国军队只有些边界的小摩擦。

1917 年夏, 俄国的崩溃使德国和奥地利得以腾出手来向意大利发动联合进攻。到 9 月, 德国奥托·冯·贝洛将军已经组成一支包括精锐的阿尔卑斯军在内的 8 个德国师和 9 个奥地利师的军队。贝洛采用了新的突击战术, 这个战术在里加用来对付在数量上占优势的俄军, 都已轻松获胜。

德军的部队集结, 意大利的卡多尔纳将军是看到的, 这本是德军进攻的预兆, 但他置之不顾。9 月初, 两个开小差的罗马尼亚军官给意大利军队带来了详细的计划, 表明德军的进攻将从卡波雷托地区开始。卡多尔纳对德军的进攻仍没有作多少准备。他命令意大利第 2 集团军和第 3 集团军构筑纵深防御阵地, 但未再费心去监督他们的部署情况。

卡波雷托灾难

由于卡多尔纳对于意人利军队福利不甚关心, 还拒绝给他们提供最基本的休息设施。至于对违犯规章的处分, 他采用了文明军队废弃已久的野蛮刑罚。所以, 卡多尔纳的专制主义造成他的指挥官们对他的不敬。他颁发的命令常被下级所忽视。譬如意大利第 2 集团军指挥官路易吉·卡佩洛将军, 无视卡多尔纳保卫卡波雷托的命令, 擅自决定在卡波雷托东南 10 英里左右的托尔米诺附近进行反击, 因此在防线上留下了一个巨大的缺口。

1917 年 10 月 24 日破晓前, 约有 25 万德奥联军蹲伏在卡波雷托待命, 他们对于卡佩洛将军留下的缺口一清二楚。滂沱的寒雨和浓雾为他们提供了隐蔽条件。奥德军的大炮对准意军阵地, 开始用烟幕弹和毒气榴霰弹交替密集轰炸。

当惊慌失措的意军盲目地东冲西突, 窒息而乱成一团时, 贝洛将军开始指挥奥德联军依次弹幕射击, 缓缓推进, 后面紧紧跟着用手榴弹和轻机枪装备的突击部队。当火力达到它的射程限度时, 德奥联军就冲过意大利防线的缺口, 绕过抵抗, 从后面包围残敌。当意军想摸索着逃跑时, 德奥联军的高爆炮弹又劈头盖脑地打来。

意军溃退下来，卡波雷托战线垮了

战争持续到 24 日下午，贝洛率领的德奥联军已渡过伊松佐河，意军全面溃退。第二天，奥德联军继续前进，这时的战局已经清楚地表明，意军只有有秩序地退却才能挽救这个局势。但卡多尔纳直到两天后的 10 月 27 日才下令意军撤退，此时卡佩洛的 25 个师的意军已遭受严重打击。很多意军毫无斗志，不是投降就是逃跑。

当幸存的意军向后方跑了 70 英里，在皮亚韦河后面重新集结时，奥德联军以 16 个师的兵力打败意军的 55 个师，一举夺回了先前意军以 100 万人死伤的代价、沿着伊松佐河进行了 11 次血战所得到的几平方英里领土。卡波雷托之役几乎使意大利投降。在这次战役中，意军有 1 万人死亡，3 万人负伤，29.5 万人被俘，此外意军还丧失了大量的武器和装备。

把意大利从灾难的边缘拉回

意军逃到皮亚韦后，协约国方面急忙出手援助，他们调集了 6 个法国师和 5 个英国师去支援他们。由于这些增援，意军得以坚守在皮亚韦河，抵抗奥德部队。 12 月 26 日，德奥联军因兵力耗竭而撤退了。未能在这些意军逃跑前俘虏他们，使奥德联军懊丧不已，如果德奥联军当时能够集合起两三个新的骑兵师和装甲车辆，意大利也许就会被彻底逐出战争。

在意军参谋部，卡多尔纳被阿尔曼多·迪亚兹将军所取代，迪亚兹或许称不上一个较好的战略家，但至少比较关心他的部队。因为德奥军队入侵意大利的国土，意大利举国上下又出现了一片民族团结的

阿尔曼多·迪亚兹

气象，迪亚兹改编军队遇到的阻力很小，使自己的想法得以贯彻。

将意大利从灾难的边缘上拉回，对协约国说不上有多大的安慰。意大利虽然侥幸脱险，但德国东线战场上的俄国人却被打败了，大批的德国部队解脱出来投入到西线战场与协约国作战，协约国必须不惜一切代价使意大利继续进行战争，以牵制部分德军兵力，来缓解西线战场的压力。

为此，法国的斐迪南·福煦将军急忙赶往意大利罗马，同意大利人协调法英军队与意大利军队协同作战的行动计划。

11月7日，在拉巴洛召开的高级紧急会议上，协约国的英、法、意的首相和总理与伍德罗·威尔逊总统的特使在融洽的气氛中进行了会谈。此次会议的最大成果是各方同意组成以斐迪南·福煦为主席的最高军事委员会，以处理协约国急迫要解决的军事和政治问题。这为1918年一战的胜利创造了重要条件。

耶路撒冷之战，英国唯一大胜

在中东战线，耶路撒冷之战，英军获得了胜利。1917 年是英军受挫和伤亡人数剧增的一年，在这年里，夺取耶路撒冷是英军唯一的重大胜利。艾伦比的这两次大胜，如英国首相说，提高了英军的士气，并将土耳其从中欧强国俱乐部中踢走。

英军的大意

在 1914 年 11 月 1 日土耳其与德军结盟时，在中东波斯湾的阿巴丹岛，英国为保护英波石油公司的财产，驻扎了一个旅。如今因为英德的敌对关系，土耳其作为德国盟国，将会断绝这个旅的退路。于是，这个旅为了自保，向北前进，试图夺取底格里斯河和幼发拉底河汇合处的伊拉克的主要港口巴士拉。这个港口属于土耳其。英国在付出了很大伤亡的代价下，于 11 月 22 日攻下了巴士拉。

巴士拉成了英军的根据地的几个月后，英属印度陆军的高级军官约翰·尼克松将军把他的部队从印度的西北边境省调往巴士拉。至此，在巴士拉，尼

巴士拉美景

克松将军手下有英军一个军，包括两个步兵师和一个骑兵旅。他的对手土耳其在巴士拉地区的驻军实力和英军相等，计有阿瓦士附近的部队8000人和幼发拉底的1.8万人。

可是，英国人却低估了土耳其的战斗力，尼克松派查尔斯·汤申德将军统帅第6印度师去追逐分布在整个巴士拉地区的土耳其主力。汤申德向底格里斯的东岸前进，于6月3日以微不足道的损失攻占了阿巴拉。其实，阿巴拉是土耳其人主动让出的，此时的土耳其人宁愿撤退，重新集结更多的兵力，也不愿为一个缺乏任何战略价值的城镇去苦守。

接下来，汤申德的英军特遣部队于1915年9月夺取了库特伊马拉。

这时候，可怕的热病出现了，由于缺乏充足的医药设备，英军中许多伤员都死了。干旱贫瘠的底格里斯—幼发拉底流域所特有的作战危险，也进一步威胁着英军。

就在汤申德率领英军，忍受着热病和水源缺乏的威胁，继续沿着底格里斯河前进时，土耳其士兵开始抵抗，而且日益加强。10月初，英军进入阿齐齐亚，那里的河谷，在这个季节，即使最深处也是干涸的。英军大军面临着巨大的缺水危险。谨慎的尼克松感到进一步前进有困难，命令汤申德的英军停止前进。

汤申德被困

10月3日，英国内阁给尼克松发了一封电报，要求他率领英军继续前进，攻占巴格达。这份电报要求尼克松"可以向巴格达进军，如果他相信他使用的兵力能胜任作战的话"。其实，这是英国内阁的一个狡猾手法，因为他们完全了解尼克松没有胜利的希望。如果进攻巴格达失败，他们将让尼克松承担失败的责任，如果胜利，就会进一步增加英国内阁的信誉。

尼克松决定让汤申德率领1.4万英印联军去攻打巴格达。在巴格达东南20英里的吉泰西普洪遗址，英印联军与土耳其军遭遇。经过2天的激战，英印联军大败，4500人伤亡。筋疲力尽的英印联军不得不退到库特伊马拉，他们唯一的希望是建壕防守，等待增援。他们随身带着的存粮只能维持2个月。

土耳其军又包围了库特伊马拉，粉碎了一切援救英印联军的尝试。1916年1月，芬顿·艾尔默爵士将军紧急率英军想和被包围的英印联军会合，却遭遇土耳其军攻打，英军损失了6000人。

3月，英军又一次试图解围，还是失败，并再次损失了近5000人。此时，汤申德为了使饥饿的英军士兵有东西吃，不得不下令把1100匹马宰了吃肉。到4月末，被包围的英印联军弹尽粮绝，面临着被土耳其人全部歼灭的命运。汤申德不得不通过无线电向英军的上级发出请求，准备向土耳其军队投降，英军基切纳勋爵批准了。对于英印联军来说，这是一个可怕的决定，因为他们的伤员和瘦弱的被俘人员被土耳其人押着徒步穿越沙漠，而且一路上受到土耳其人残酷的鞭打。

一战中的土耳其士兵

默里的目的

在埃及的英军，也面临着土耳其军的威胁。一直到1915年，土耳其人都在进攻埃及，

与土耳其军作战的
英国士兵

但因人数不够, 始终未能攻克。而土耳其军队在巴格达的胜利, 使得他们能够腾出更多的人手, 联手进攻埃及。

这一次, 土耳其军队在苏伊士运河遭遇了英军攻击。当时, 土耳其军队已经渡过运河, 但他们还是被英军大批击毙。

这使英军在埃及的势力得以稳固, 英军指挥官阿奇博尔德·默里爵士将军决定继续向西奈半岛进军。

默里进军的目的是保护苏伊士运河, 并为从西南打击土耳其军创造条件。默里知道, 英军在中东地区作战最紧缺的是铁路运输和水源供给, 1916年5月, 英军到达西奈半岛后, 默里立即命令他的士兵和众多土著劳工开始筑造一条通向西奈海岸的铁路和输水管道的工程。

在缓慢施工时, 不时有土耳其的袭击部队来攻打英军, 但都被英军一一打退。为保护铁路和水管的修筑, 1916年年底, 默里的英军攻占了阿里什, 并在那里构筑防御工事。

1917年1月, 水管终于在巴勒斯坦边界的拉法完工。这里离土耳其据守的通往巴勒斯坦的入口加沙约有25英里。

攻占加沙失败

1916年8月, 弗雷德里克·S, 莫德将军奉命再次策划夺取巴格达的战役。不过英军的首要任务, 是在1917年春攻占土耳其控制的加沙后再开始对巴勒斯坦的入侵。英国与土耳其的兵力对比为10: 1, 即便如此, 要不能保证有充足供水，英军也很难进攻巴勒斯坦。

1917年3月26日晨雾中，4.2万名英军步骑兵靠罗盘定位，向加沙的土耳其军队发动进攻。4000名土耳其守军在排得紧紧的、多刺的仙人掌树篱的天然栅栏后面掘壕固守。

战役开始后，英军就攻下了沿加沙南4英里山脊的几个据点，但因为缺水，英军两个骑兵师被迫退出了战斗，攻势开始迟疑不前。但英军决定蛮冲，试图挽回挫败。但事与愿违，不出一周，英军又退却了，损失了4500人，土耳其军也伤亡2200人。

进军耶路撒冷

攻打加沙失败后，莫德将军率另一支英军上溯底格里斯河，继续向巴格达前进。在巴格达，土耳其以3.5万左右的兵力抵抗莫德率领的12万英军。这是一次代价很大的战役，英军伤亡了4万人才勉强攻下巴格达。这时疾病也给英军造成重大损失，莫德将军本人也因得霍乱而死。

埃德蒙·艾伦比

对英国内阁来说，耶路撒冷是最受重视的。英国人知道，夺取这个城市在政治上是对土耳其的致命一击，而且可以提高英国士气来振奋在西线的颓势。在英国首相劳合·乔治看来，在中东，除了艾伦比将军，没有哪个将级军官能够担起这一任务。在接见艾伦比将军时，劳合·乔治告诉他："我希望你攻占耶路撒冷，作为献给国家的圣诞节礼物。"于是，艾伦比前往中东指挥英军。

英军进攻耶路撒冷，最大的障碍是从加沙延伸到贝尔谢巴的20英里宽阔的土耳其堡垒线。土耳其的防御工事不是连绵不断的堑壕系统，而是包括三个等距离的设防地区，这些防区用一连串警戒堑壕连接起来。这些防御工事右侧翼向地中海逐渐稀疏展开，同时左侧翼通向朱迪亚山丘的灌丛和岩石地带。英国远征军只能固守他们的铁路和水管所在的巴勒斯坦边界的沿海狭长地带。

艾伦比的胜利

直到 1917 年 6 月艾伦比来到中东后，英军没有一个人真正懂得如何去对付土耳其军队的防御工事，艾伦比不像前任那样住在开罗的豪华住所里，而是和他的士兵一起生活在战场上。他很快就看出，英军要攻占耶路撒冷，第一目标该是贝尔谢巴——七口水井的所在地。没有这些水的储备，他的部队、马匹和骆驼就不能在向耶路撒冷进军征途中生存下去。

艾伦比分析，夺取贝尔谢巴，要用侧翼突击来对付土耳其人的中央据点，再用密集队形的骑兵带着步兵冲过缺口，到达土耳其人后面，进而包围贝尔谢巴。其他纵队要从左面向加沙进击，以达到佯攻诱敌的目的。

艾伦比手下有澳大利亚和新西兰骑兵旅可供调遣，他们的战斗品质和马术都是一流的，艾伦比还让从印度和萨洛尼卡抽调来的两个师部队作为增援。此外，艾伦比还下令征集可用的骆驼和驾驭骆驼的人。艾伦比把进攻时间定在 10 月底，因为那时候天会降雨，土耳其军将会一心修筑到处积水的堑壕，尤暇对付英军的进攻。

英军攻占耶路撒冷后，艾伦比下马步行进入耶路撒冷，表示对这座圣城的崇敬

土耳其军队一直对巴格达的失守耿耿于怀。由于俄国和罗马尼亚已经崩溃，使对付俄军和罗马尼亚军队的最精锐的土耳其部队解脱出来，开赴到了巴勒斯坦前线，土耳其的陆军部长恩韦尔·帕夏打算动用这些部队从英国人手中夺回巴格达。恩韦尔·帕夏的意见被德将法尔肯海因将军否定，法尔肯海因将军是在粉碎罗马尼亚军队后，被派到这里帮助土耳其策划防务的。法尔肯

土耳其士兵构筑防
御工事

海因认为，打败艾伦比才能使土耳其军守住耶路撒冷。

艾伦比正在一步步地实施着攻占耶路撒冷的计划，他将部分英军集中在加沙前面的沿海地带，以欺骗土耳其军队，使土耳其军以为英军对耶路撒冷的进攻将从那里开始。

大约就在同时，艾伦比又设计让一名英国骑兵军官暴露在一支土耳其巡逻队前面。土耳其巡逻队立即向这名英军军官开枪，英军军官在马上摇摇欲坠，但最终还是跑掉了。土耳其巡逻队赶到现场，发现了这位英军军官的公文递送箱，内藏夺取加沙的"机密"计划。

土耳其军对这份计划信以为真，他们便按这份计划，调动和集中他们的兵力。此时的艾伦比十分高兴，他知道土耳其人中计了。

10月31日，艾伦比集结兵力，向土耳其军队进攻。英军的实力计7.5万名步兵和7000名骑兵，土耳其为4.2万名步兵和1500名骑兵。但第一次打击不是在加沙的沿海地区，而是内陆贝尔谢巴。短暂的密集的弹幕射击，使英军在贝尔谢巴的土耳其军中炸开了一些宽阔的缺口，艾伦比的骑兵冲过去，在土耳其防守者后面展开扇形攻势。土耳其军被跟在英军骑兵后面进行白刃战的英军步兵击溃。

在日落以前, 贝尔谢巴及其水井都被英国陆军所占领。

艾伦比直到这时才把兵锋转向加沙, 英军战舰上的重炮轰击加沙。一周后, 英军的联合进攻把土耳其军打败了。约有1万名土耳其人被俘。土耳其人向北退却了几十英里, 才重新集结起来, 但仍无喘息机会。

11月中旬, 土耳其人通向铁路枢纽站的路被英军切断, 该站是雅法—耶路撒冷铁路线和另一条向南通往贝尔谢巴的铁路线的交接点。疲乏的土耳其军在耶路撒冷前面的朱迪亚山丘——这个自圣经时代以来的历史上有名的防卫地作了最后一次抵抗。到12月9日, 土耳其军突然结束了一切抵抗, 向北逃走。

埃德蒙·艾伦比爵士没有辜负英国首相劳合·乔治, 他如愿以偿把耶路撒冷当作圣诞节礼物献给了英国。

埃德蒙·艾伦比爵士, 这位胜利的指挥官穿着简朴的军服, 徒步走进耶路撒冷这座圣城, 开始了英国对耶路撒冷的殖民统治。

1917年是英国受挫和伤亡人数剧增的一年, 夺取耶路撒冷是该年唯一的重大胜利。艾伦比的一击, 正如英国首相劳合·乔治所预期的, 这场战役提高了英军士气, 并把土耳其踢出了中欧强国俱乐部。

康布雷战役：坦克部队的出现

　　1917年11月20日，英军与德军在康布雷地区爆发战争，史称康布雷战役。此役是大规模使用坦克的第一个范例，对于军事理论的发展有重大影响。步兵与坦克协同动作原则和对坦克防御原则的形成，均与这次战役有着密切的联系。

坦克战新思路——奇袭

　　1916年9月，在索姆河战役中，英军坦克初露锋芒，随后，英国的坦克又参战过多次战斗，但战果不佳，收效甚微。特别是1917年7月31日，在比利时境内的伊普雷战役中，英军投入200余辆坦克作战，万万没想到，德军还没来得及阻止坦克前进，坦克就自己在泥泞的道路上停滞不前了，而且有为数不少的坦克直接陷入泥潭，成为德军炮兵靶子。伊普雷战役中，英军坦克损失惨重。

　　坦克的这些表现，都被一个人看在眼里，他就是富勒，英国人，历史上第一支坦克部队的参谋长。

　　富勒出身牧师家庭，在桑德赫斯特皇家军事学院毕业。他身材瘦小，锋芒毕露。他最早提出坦克战概念，坚信坦克是未来陆军的主力，坦克会给战争带来惊天巨变，他提出大规模装甲战理论，被称为"坦克之父"。

　　法国的戴高乐、美国的巴顿、俄国的朱可夫、德国的古德里安都通过富勒的理论，发现了坦克的巨大威力。特别是德国的古德里安，二战前，他在富勒理论的基础上，提出"闪电战"战术。希特勒正是依靠这种"闪电战"战术，利用大规模坦克长途奔袭，取得了二战初期军事上的辉煌胜利。

　　在一战时，英国军方高层迷信于骑兵战术，对富勒的理论根本不重视。1917年9月，协约国高层发现法比边境遭遇德军强大的压力，便命令驻扎在此的英军第3集团军司令宾爵士主动进攻，从法比边境把德军引开。就在此前的一个月，即1917年8月，富勒还提出以坦克为集团，进而展开奇袭

康布雷战役中，首
次大量使用坦克

的坦克战新思路，本来此坦克战思路正好可以用到解决法比边境的危机上，但富勒的新思路一经提出，就被上级否决了。

就在富勒失望灰心之余，英军第3集团军司令宾爵士找到了富勒，提出动用坦克部队发起一次坦克战。但他担心此次战役中坦克像伊普雷战役一样，还会发挥失常。富勒赶紧说，伊普雷战役中，坦克部队失利，是因为忽视地理因素，贸然进攻的结果。坦克应该在平坦、干燥的地域作战。

因为此次战役是他们英军主动进攻，可以自由选择进攻地点，宾爵士便命令富勒寻找适合大量部署坦克的干燥战场。

富勒找到了康布雷。康布雷位于法国西北部地区，属于此次战役的区域。此地地形十分开阔，非常适合大规模坦克机动。更重要的是，此地仅仅集结了不到两个团的德军兵力。

富勒为了达到奇袭的效果，非常注重保密工作，英军的士兵在康布雷战役开始的两个星期前才开始集结。坦克攻击前的两天，富勒才告诉士兵，他们将运用坦克战。德军方面，对于即将要面对英军坦克的情况，更是一无所知。

坦克上载运大捆束柴

为了达成突袭的效果，富勒除了做好保密工作，还在坦克的机动性方面作了周密的安排。英军的坦克并不是直接开到前线，而是在夜间，利用更加机动的铁路平板车运送到前沿的阿夫兰科特森林中。为了伪装，坦克还涂上了迷彩。坦克的一切行动都是神不知鬼不觉的。

即使是这样，富勒还觉得不够，他还要求坦克在运送的途中，飞机不停地起飞盘旋，以制造噪声，掩护坦克的机动。

富勒还遇到一个困难，那就是坦克进攻的时候，遇到堑壕怎么办？当时的坦克可不像如今的坦克，上山下海无所不通。当时的坦克遇到宽且深的堑壕，就有可能会趴窝。

富勒想出了好办法，那就是坦克遇到堑壕时，将一些树枝杂物扔到里面去，以便让坦克顺利通过。为了让坦克一遇到堑壕就有树枝杂物可用，富勒让每辆坦克在行进的时候，都背着一捆棍子树枝。当时对于坦克束柴也有严格规定，是用链条捆住的 75 束树枝。

步兵与坦克协同作战

早在坦克开赴前线的前八天，富勒组织了坦克与步兵协同作战的训练。之前，坦克在实战中，没有发挥出它应有的作用，致使很多英军步兵一提到坦克都垂头丧气。富勒决定让坦克开始一场表演。

只见坦克轻松地越过了 3 米宽的堑壕，并越过 1.2 米高的立体障碍，并且将铁丝网硬生生地扯开，用四爪锚将铁丝障碍物扫除干净。

见此，英国步兵对坦克产生了信心，自觉地投入到训练中去。虽然训练只有 8 天时间，但英国步兵在心理上接受了坦克，愿意同坦克协同作战了。

为了使坦克和步兵能在德军猛烈的火力下，一口气越过德军的 3 道堑壕，富勒设计了步兵和坦克的协同战术。富勒让坦克 3 辆一组，互相掩护，呈三角队形冲击，第一辆坦克穿过德军的铁丝网，和随行的步兵一起，将第一道堑壕内的德军消灭，然后掩护随行的步兵向堑壕扔下束柴，成功越过德军第一道堑壕，然后用火力压制德军，以便另外两辆坦克跟进，利用第一辆坦克越过时由步兵扔下的束柴，越过第　道堑壕。此时，后越过堑壕的两辆坦克，一辆负责掩护，另一辆来到第二道堑壕前，和随行的步兵一起，将第二道堑壕内的德军消灭，然后掩护随行的步兵放下束柴，成功越过第二道堑壕，然后掩护剩下的坦克越过第三道堑壕，以此类推，就可成功越过德军的三道堑壕。

步兵在坦克越过堑壕的行动中，主要的是和坦克一起，对堑壕里的敌军进行清除，填埋壕沟，为坦克前进铺平道路，以及警戒。

此后，源源不断的坦克和步兵就会冲向德军纵深阵地。

精彩的坦克战

11月20日拂晓，富勒策划的坦克战开始。英军没有炮火准备，在炮兵"徐进式弹幕射击"和飞机的掩护下，大量坦克按照事先设定的战术，向德军阵地突击。

因为是奇袭，德军被打得措手不及，他们的第一线部队基本没有抵抗。德军有着10公里的3条防线全部被突破。太阳落山时，英军已经成功突入德军阵地纵深10公里。

英军此次奇袭大获成功。

但是，英军的后续兵力不足，而用于支援的加拿大骑兵师又没有及时赶到。德军遭遇重大损失后，立即开始反攻，德军的步兵和大炮又将英军击退了。英军坦克撕开的突破口，也被德军封闭了。

不管怎样，富勒在康布雷进行的坦克突袭行动，是坦克自投入战场一来，首次在战术上获得的一次大捷。这也是以坦克为主导的诸兵种协同作战的开端。

破产的"米夏埃尔"攻势

1917 年年底，德国速胜速决的愿望被打破，彻底陷入了战争的泥潭中，兵源枯竭、经济萧条、政治混乱、危机四伏。1918 年，德军副参谋长鲁登道夫上任伊始，就计划发动一场大的攻势，准备在西线战场集中德国所能动用的全部兵力，一举将协约国彻底击溃，这次行动代号为"米夏埃尔"攻势。

鲁登道夫临危受命

1916 年 8 月，德国面临协约国从各条主要战线发动的猛烈攻击，德国自开战以来就一直掌握的战略主动权自此开始丧失了。德皇忧心忡忡，为了扭转不利局势，决定换将，任用兴登堡为德军总参谋长，精通军事战术的鲁登道夫任副总参谋长。因兴登堡年迈体弱，德军最高军事指挥权实际上由鲁登道夫行使。自此，鲁登道夫走上了历史前台。他带领着德国军队在战场上拼命厮杀，左右着德国的命运。

青年时期的兴登堡

此时的德国已经彻底陷入了一战的泥潭中，兵源枯竭，经济萧条，政治混乱，危机四伏。1918 年，鲁登道夫通过慎密地思考，计划发动一场大的攻势，准备在西线集中德国所能动用的全部兵力，一举将协约国彻底击溃，这次行动代号为"米夏埃尔"行动。

双方兵力对比

1918 年 2 月，鲁登道夫将 178 个师集中到西线，准备对协约国发动攻击，德军的兵力兵器包括步兵 123.2 万，骑兵 2.4 万，5500 门重型野炮和 8800 门轻型野炮。协约国虽然掌握了战略主动权，但得到这个情报后，还是非常重视，他们急忙调动 173 个师，包括步兵 148 万，骑兵 7.4 万, 重炮 6800 门和轻型野炮 8900 门, 以应对德军的进攻。

在长达 120 公里的战线上, 英国的 4 个集团军, 共 59 个师严阵以待。而法军则集中了 97 个师, 在 300 公里长的战线上一字展开, 以抵御德军的进攻。同时, 协约国方面还集中了 10 个比利时师和 5 个美国师的补充, 随时补充英法军队的损失。

对比双方兵力, 德军虽在数量上比不上协约国, 但德军的火力则明显优于协约国。以一个师作为对比的基数, 德军每个师有重型和中型机枪 350 挺, 协约国只有 164 挺; 德军每个师有迫击炮 150 门, 协约国为 136 门。不过协约国拥有制空优势, 在英国防守区, 德军能起飞的飞机是 1020 架, 而英国能使用的飞机达到 1250 架, 在法国的防守区, 双方飞机数量差距显著, 德国拥有的飞机是 470 架, 而法国的飞机是 2000 架。总体而言, 协约国的空军力量比德国多出近 3 倍。

鲁登道夫的渗透战术

为了在西线将协约国彻底击溃, 鲁登道夫下令, 对德国士兵进行严格的渗透战术训练, 而且此项训练在秘密的状态下进行。

德军的渗透战术, 又叫突击群战术, 是指德军作战小分队, 设法穿过敌方阵地防御的间隙, 渗透到敌方的防御体系中打击敌方指挥部、炮兵阵地等重要目标, 并切断交通线, 让敌方防御部署之间无法联系, 为正面的全面攻击创造条件。

米夏埃尔攻势中的士兵

渗透战术的实施, 具体包括下面几个步骤。

首先, 对敌方阵地进行短暂的炮击, 甚至释放毒气, 其目的是为了压制敌方火力。

其次, 炮击后, 德国轻装的小

分队出发。每个小分队队员都携带冲锋枪、手枪、手榴弹、短刀，绕过敌重要据点，渗透进入敌方阵地纵深。为了能够独立作战，小分队还携带轻重机枪、榴弹发射器、轻迫击炮、火焰喷射器等，形成完整的步兵火力配系。但是，在消灭敌军指挥部和炮兵阵地之前，小分队尽量不要暴露，避免与敌发生战斗。

再次，轻装突击部队完成既定任务后，后续的重装突击部队出发，他们主要是攻击轻装突击部队绕过的盟军据点，为后续的步兵全面攻击做好准备。

最后，普通的步兵才开始大规模攻击，把地方部队的最后抵抗全面扫除，并打扫战场。

鲁登道夫对毁灭性打击协约国很有信心

对渗透战术，鲁登道夫信心满满，他向鲁普雷希特皇太子夸耀道："只要打开一个缺口，其余部队就可以跟进，从而彻底击垮敌军的防线"。

在德军士兵秘密进行渗透战术训练的时候，协约国统帅部其实已经知道德军的这个战术，他们是从德军逃兵带来的德军训练手册中得知的，但是，协约国军队对于渗透战术毫不在意，他们依旧将大部分部队都集中到了前线的防御阵地上。

鲁登道夫获悉英军的布防后，喜笑颜开，他下令将训练好的小分队准备投入战场，他要给协约国以毁灭性的打击。

德军攻势开始

3月10日，德军开始攻击。

德军首先对香巴尼的法国防御工事进行炮轰，并对凡尔登和兰斯两地发动牵制性突击。与此同时，德军大部依靠火车和汽车，对英军第3、第5集团军对面的德军防区机动。鲁登道夫命令，冯·贝洛将军率领第17集团军，冯·德尔·马维茨将军率领第2集团军，胡蒂埃尔将军率领第18集团军，共计3个集团军，准备突破英国防线。

鲁登道夫打算使出撒手锏，以小分队渗透，破坏英法军队的指挥部、炮兵阵地等关键部位，然后连续猛攻，让大部队推进至索姆河上省辖城镇佩罗内的两岸，最后向北吃掉英军的侧翼。鲁登道夫下令，在将近80公里的战线上全面展开行动，第18集团军进攻沿瓦兹到拉费尔一线的英军，第2集团军和第17集团军同时沿拉费尔到斯卡尔珀一线展开进攻。

此时的协约国指挥实在不足以称道，面对来势汹汹的德军，英军第5集团军仍旧分散军力，其辖下的12个师在167公里的战线上稀疏地排开；而英军第3集团军的14个师却又被德国第17集团军的右翼牵制，集中在不到45公里的战线上。

英国人如此部署兵力，对于德军来说，不失为一次进攻的天赐良机。3月21日凌晨4时40分，德军2500门大炮和迫击炮连续6小时对英军第5和第3集团军防区进行了猛烈炮击，并且释放毒气。英国遭遇了重大损伤，防御工事和交通线成为一片废墟。

这时，德军的多支渗透小分队率先出发。面对分散的英军兵力部署，渗透小分队很容易渗透进去。在小分队的破坏下，英军第5集团军互相联系便被切割开，不得不各自为战，在后续的德军28个师的进攻下，英军阵地很快就被全面摧毁。

第三次攻势中的联军士兵

到21日傍晚，英军防线整体崩溃，英军第5集团军的残部不得不退到索姆河的南岸。

英军第3集团军
的情况就好多了，他
们虽然遭到了德军进
攻，损失不小，但他们
纵深防御非常牢固，
德军的进攻未能突
破。德鲁登道夫对于
德军第1和第17集团
军攻占了英军第5集

索姆河战场留影

团军防区的战果十分满意，但对德军未能突破英军第3集团军的防线，很
不满意，决心修改策略，决定在第18集团军取得的进展基础上，继续扩大
战果。

德军大获全胜

胡蒂埃尔在鲁登道夫的命令下，率领第18集团军沿着索姆河两岸，同
时向南和向北进攻，猛攻两岸防守的英军和法军以扩大战果。3月25日，
埃米尔·法约尔将军率领一支英法混合部队，出现在索姆河南部地区。同
时，还有6个法国师机动至此。胡蒂埃尔立即应战，但出乎意料的是，法军
在德军进攻之前，就向西南方向撤退。因为法军的逃跑，德军扩大战果行
动实施得非常顺利，德军一路上没有遇到丝毫抵抗，朝着巴黎方向长驱
直入。

在8天的时间里，鲁登道夫麾下的德军就推进了65公里，并将法国重
镇——亚眠夺下，这是创纪录的大胜。

在德军的攻势中，英军16.6万人伤亡，法军则损失7.7万人。德军共俘虏
英法军队7万人，缴获1100门野炮。有趣的是，德军推进过快，随手将英军
的200万瓶威士忌酒全部缴获，这让英军大为震惊，他们不得不佩服德军
的渗透战术运用之妙。

但是，埃米尔·法约尔将军率领的一支英法混合部队为什么不与德军

斐迪南·福煦戎装图

战斗,就迅速撤退呢?这牵扯到英法协约国军队的指挥权问题。

协约国指挥权争议

在德军的"米夏埃尔"攻势中,协约国军队却因为指挥权不统一,前线频频告急。战斗打得如火如荼,后方却在为指挥权而争斗。

因为指挥权的不统一,导致英国第5集团军遭受德军的进攻,损失惨重。因此,协约国开始酝酿他们拖延已久的计划——建立单一的指挥部,以迅速地向遭受德军进攻的地方增援部队。为此,协约国成立了最高军事委员会。

不过协约国军事委员会行动目标怎样统一领导则困难重重,譬如英国远征军总司令黑格,就对协约国军事委员会负责战场的统一指挥和后备军的调集表示了反对。他说:"我可以同一个人打交道,但不能同一个委员会打交道。"另外,黑格还说,在需要增援的时候,他可以和法国的贝当元帅互相支援,没必要惊动军事委员会。

协约国军事委员会之所以难以统一指挥的另一个原因,是英军和法军作战的目的是不相同的。鲁登道夫已经看到了这一点,对于法军来说,保卫巴黎是首要任务,而英军作战目的则是确保海峡港口的安全。作战目的不同,任何联合行动的需要都会被置于一边。

结果,当英军司令黑格面临德军的进攻,要法军元帅贝当派兵增援英军时,贝当却由于担心德军可能在兰斯前线发起进攻,威胁到巴黎的安全,放弃对英军的支援,而是将好几个师迅速向西南方向撤退以确保巴黎的安全。

正是因为贝当为了法国的利益,一意孤行,使得德军得以重创英军。同时,不幸的是,巴黎暴露在了德军的枪口下。

遭遇如此大的失败,这才使英法军队的司令有所警觉,双方急匆匆地在小镇杜朗开会,决定由福煦元帅负责协调英军和法军的统一行动。

德军向巴黎的进攻

德军在"米夏埃尔"攻势中取得了辉煌的战绩，但很快鲁登道夫就发现：胜利来得快，失去也很快。

3月27日，胡蒂埃尔率领德军向巴黎发起进攻，德军的几个师攻占了距巴黎约50公里的蒙迪迪埃镇。但很快，德军面临补给不足的问题，而且一直在进攻的德军也已经精疲力尽了，这使得德军不得不放慢行军速度。

德军士兵由于精力消耗太多，别说是追击退却中的协约国军队，就连协约国军队无力逃跑，停下来休息，而在德军士兵追上后，累得连举枪射击的力气都没有了。结果只会出现戏剧性的一幕，德军和协约国士兵，这对刚才还你死我活战斗的宿敌，此刻却一起躺在路边休息。

马维茨的德军第2集团军这时候遭到了来自美国工程兵和后方勤务部队的顽强阻击。从3月28日至30日，德军发疯似地对协约国防守的堑壕线冲击了3整天，却并没有突破。德军自己却在进攻作战中损失惨重，23.9万兵力，包括许多受过小分队渗透战术高强度训练的士兵，全部战死。4月4日，德国兵员补给告急，德军的士气与军纪已败坏到了崩溃的地步。

德国小说家鲁道夫·宾丁记录下来这样的场面，在阿尔贝附近，喝醉酒的德军军纪败坏，让人触目惊心："士兵们都摇摇晃晃，士兵们简直不能行走……街道上都流淌着酒。军官们对醉酒滋事之徒毫无办法。""当士兵因

第三次攻势中的德军士兵

189

喝酒而振作起精神,于第二天开出阿尔贝时,他们都立即被几挺英国机枪扫倒在铁路路堤上。"

在协约国方面,因为美国源源不断的增援,慢慢开始恢复元气。譬如,5月25日,美军统帅潘兴将军把4个美国师移交给法军统帅贝当,供其调遣。

但鲁登道夫还是不死心,5月27日,他命令德军从埃纳河向提埃里堡和巴黎方向继续推进。德军的确一鼓作气地突破了法军的阵地,并占领了苏瓦松,进至马恩河一带,离巴黎更近了一步。当德军欢天喜地,准备再接再厉,继续突进,攻占巴黎时,美军又一次出现在德军的面前,多达33万的美军阻击了德军,德军无法继续前进。直至6月3日,在屡战屡败的情况下,德军不得不停战休整。

鲁登道夫知道,如果德军不速战速决,让协约国的英法美等军队有时间协调增援,其攻下巴黎的愿望就无法实现。于是,7月15日,鲁登道夫命令德军发动了最后一次攻击,试图扭转局面。当时,德军的炮兵集中所有炮火对兰斯西侧展开了迅猛的轰击,顺利突破法军第一道防线,俘虏法军1400人,缴获火炮50门。但到了16日,遭到了法军的抵抗,德军实际上只向前推进了6公里,仍然没有攻下巴黎。

7月18日清晨,协约国开始反攻,4个集团军的协约国军队向马恩河一线的德军发起了猛烈攻击。因为敌众我寡,而且德军长久战斗,十分疲劳,德军只好边打边撤,退到了埃内河以北一线。协约国军队乘胜追击,丝毫不给德军以喘息的时机,一举将德军击退了40公里,巴黎自此摆脱了困境,而且,联军从战略上也变被动为主动。

德军的"米夏埃尔"攻势到此基本上是失败了。

检讨德军"米夏埃尔"攻势,我们可以看到,德军虽然依靠渗透战术和连续进攻,突破了英法联军的防线,暂时打败了英法联军,但德军并没有彻底击垮协约国的军队,经过激烈的战斗,自身反而损失了近80万人。

这时的德国,再也撑不住了。

亚眠之战，德军的"黑日"来临

1918 年 8 月 8 日，协约国英国、法国、加拿大和澳大利亚联军组织 20 多个师、500 多辆坦克，对德军的"亚眠防线"发动了大规模的奇袭战，史称亚眠战役。此战也是第一次世界大战中最大规模的坦克战。

制订计划

亚眠是法国北部城市，是法国大陆上的铁路交通枢纽，战略地位十分重要。亚眠被德国人占领后，法国北方各地的联系就此被切断，这无疑是在法国人的颈项上套了一根绞索。法国元帅福煦一直想夺回亚眠，但苦于没有最佳的作战时机。

1918 年，第一次世界大战已经经历了近 5 个年头，以德国为首的同盟国已相当吃力，而美国又参加了协约国一方，协约国和同盟国两大军事集团的攻守之势发生扭转，协约国开始酝酿发动总攻。

福煦认为收回亚眠的机会来了，1918 年 7 月 24 日，他向协约国军事委员会提议，总攻的突破口就选在亚眠，他还制订了旨在夺占亚眠的战役计划。该计划的基本想法是通过收复亚眠和巴黎一线的铁路，进而打退盘踞在索姆河一带的德军，从而让协约国从战略防御转入对德军全面进攻。

此计划经过法英美等协约国代表讨论，获得通过。

今日亚眠风光

双方兵力部署

协约国方面计划参战的共有 17 个步兵师、3 个骑兵师、2684 门火炮、511 辆坦克、16 辆装甲汽车和 1000 架飞机。这其中包括英国第 4 集团军、法国第 1 和第 3 集团军、加拿大的 4 个师、澳大利亚军的 5 个步兵师、3 个骑兵师以及一个美国师。总指挥是英国远征军司令黑格。

固守亚眠的德国却只有 7 个师的兵力，以及 840 门火炮、106 架飞机。

协约国和德国的兵力比达到 3：1。

因为协约国对进攻亚眠的计划采取保密的措施，德军方面压根就没想到协约国会在亚眠发动进攻。此时的德国统帅部还沉浸在此前的"米夏埃尔行动"的败局中，希望能够重新掌握主动权。8 月 2 日，副总参谋长鲁登道夫说："局势要求我们一方面不得不转入防御，另一方面只要有可能，我们就立即重新采取进攻！"但鲁登道夫哪里知道，他尚没来得及采取进攻，协约国的军队已开始在亚眠集结了。

隐蔽和奇袭的战术

协约国的战术主要有：改变炮火攻击方式、隐蔽和奇袭。

此前，德国通过渗透战术，让协约国遭受了不小的损失。所以，协约国指挥官黑格改变了战术，不再在进攻前进行炮火攻击，而是让坦克担任先头部队，发动突然袭击，以免炮火泄露协约国的进攻意图，影响奇袭的效果。

具体做法是：协约国的坦克悄无声息地来到攻击阵地后，才开始炮火攻击。骑兵和步兵紧随后面，利用炮火掩护，向敌方阵地冲击。

黑格这么做的目的，就是为了达到奇袭的效果，打德军一个措手不及。为此，所有的战前准备工作都必须保密。向前线运送士兵和弹药的列车不在白天行驶，改由晚上行驶，就连道路上都铺上沙土和稻草，以防止发出声响。严禁协约国联军进行搜索和炮兵试射，以免惊动德军。另外，协约国联军还在伊普雷地域展开佯动准备，以迷惑德军。

大规模的军事行动，涉及的人和车非常之多，要做到万无一失，那是很难的。在协约国联军进攻亚眠前的几天,德军听到了对面协约国英军阵地噪声不断,德国的飞机也侦查到协约国坦克纵队的移动。不过,德军统帅部根本不重视这些情报,鲁登道夫也不相信,在"米夏埃尔运动"中受到德军重创的协约国联军会在半个月的时间内再次组织一次大规模进攻。

8月7日夜,协约国所有部队都顺利到达亚眠以东的预定地点。

进攻全面开始

一切都在按预定计划进行!

8月8日凌晨4时,协约国联军坦克在飞机噪声的掩护下,向德军阵地冲去。

4时20分,此前一直按兵不动的协约国2000门火炮突然一齐开火,几乎在瞬间,炮弹像雨点一样落在德军阵地、指军所、观察所、通信枢纽等关键目标上。顿时,德军阵地硝烟弥漫,很多防御工事灰飞烟灭,就连土地都被炸得坑坑洼洼,起伏不平,像被犁过一样。

45分钟后,协约国的骑兵和步兵得到进攻的命令。他们在40公里宽的阵地上,以3倍于德军的兵力向德军阵地发动攻击。

霎时间,喊杀声、坦克的轰鸣声,以及子弹的呼啸声,响彻天空。因为此次奇袭完全出乎德军的意料,德国来不及反击,协约国的坦克就穿越双方

亚眠战役中的英军
坦克部队

阵地的无人区，来到毫无招架之力的德军面前。

德军第一线阵地瞬间崩溃。

不得不说的是，亚眠会战是坦克的第一次大规模使用，此前的一战战场上也出现过坦克，但如此多的坦克集中到一个战场上，还是第一次。当德军见到如此众多的坦克冲向自己的时候，除了本能地溃逃，还能做什么？

坦克的效能太大了，因为有装甲的防护，德军的机枪扫射对坦克丝毫不起作用，而且坦克还能破坏德军的电报和电话，以切断德军与统帅部的联系。

亚眠战役中协约国联军的第一个师级俘虏，也是在这时被抓住的。当时这个德军师级参谋奥西多上校正准备吃早饭充饥，瞬间就被冲过来的协约国英军俘虏。这也从侧面反映出协约国联军奇袭速度之快。

依照这样的势头发展下去，协约国联军大有一举夺下亚眠之势……

总结战术失误

在进攻中，奇袭的效果已经到达，但这毕竟是坦克的第一次大规模使用，经验不足，这期间也出现了一些问题。其主要的问题就是坦克和骑兵协同不足。

按照计划，坦克冲在前面，破除障碍，消灭德军机枪据点，再掩护骑兵跟在后面冲锋。可是，坦克的速度远远不及骑兵。在突击中，骑兵经常冲到坦克前面,把自己暴露在德军的机枪和步枪火力前,这造成了协约国骑兵的很大伤亡。

另外,突击一段时间后,骑兵的马匹需要给养,特别是马必须饮水,为此骑兵不得不撤下来。而负责掩护骑兵的坦克也不得不跟着撤退。可是坦克不进反退,不但不能保护骑兵,还把自己置身于德军炮火的射程之内,协约国的很多坦克就这样被击中。

事后统计,就因为坦克与骑兵的协同失误,造成协约国100多辆坦克被德军的炮火摧毁,同时还有1.2万余协约国士兵丧命。

总体来说,8月8日这一天的进攻,对协约国来说,算是成功的,这是协约国自马恩河战役之后获得的最大战果:德军损失2.7万人,另有1.5万人被俘,德军400门火炮被摧毁,不计其数的德军物资成为协约国联军的战利品。

胜负在此一举

见德军兵败如山倒,防守亚眠的德军指挥官鲁登道夫惊得目瞪口呆。他不得不承认:"8月8日是德军在这次大战史上最黑暗的一天"。但鲁登道夫不愧是一名著名将领,面对协约国的奇袭,他没有自乱阵脚。他先是严令前线德军死守住第二线阵地,另外他紧急命令6个师的预备队星夜兼程,增援亚眠。

8月9日,协约国依旧继续进攻,但是此时协约国联军的进攻没有第一天那么顺利了。这是因为,在第一天进攻中,协约国官兵的消耗太多,人员疲惫不堪,弹药也无法及时得到补给。另外,因为战术失误,坦克损失了不少,而余下的300辆坦克也因为燃料短缺而进攻缓慢。

缓过神来的德军,在鲁登道夫亲临战场打气的情况下,变得非常顽强,疯狂地向协约国的军队反击。

在这种不利态势下,协约国的指挥官黑格并没有放弃进攻,他清楚地知道,此时他们面对的只是固有之敌,如果德军的增援部队赶到,协约国进攻的困难将更大。为此,黑格决定投入更多的兵力进攻,并且改变战术,将进攻的阵线拉长,寻找德军防守阵地薄弱处,进而一举突破,夺下亚眠。

德军和协约国联军都知道，这是一场时间和耐力的比拼，如果在德军的增援军队赶到之前，协约国联军仍没夺取亚眠，双方交战的态势就极有可能变成战略僵持局面。

不幸的是，就在这一天，德军的增援部队赶到了亚眠。德军上下振奋，迅速构筑工事，进行顽强抵抗。在面对面的血战中，德军的高爆炮弹发挥了巨大的杀伤力，很多协约国士兵被炸死炸伤。

为此协约国联军不得不停止大范围的进攻，改为组建一个个小分队，穿插迂回进攻德军防线，以分散德军炮火的目标，进而减少伤亡。

面对协约国联军小分队进攻，德军躲在弹坑和掩体后面，用机枪扫射进攻的协约国联军。协约国联军遭受了重大损失。联军进攻的速度十分缓慢，法军的战线只前进了10公里，而英军只前进了5公里。协约国联军并没有停下进攻的步伐，但进攻的节奏明显放缓。

鲁登道夫看到了这一变化，在8月11日下令德军开始反击。不过鲁登道夫知道德军的兵力仍然少于协约国联军，无法全线反攻，只能选择一个区域，集中兵力反攻。

鲁登道夫选择某处英军的防线，命令德军的炮兵集中火力，向英军的集结地进行最猛烈的炮火打击，企图让英军知难而退，从而再腾出手来打击法军防线。

一时间，英军防线在德军炮火的攻击下，浓烟滚滚，山头被削平，森林被炸平，树木被烧焦，特别是英军的坦克，大部分暴露在德军的火炮射程中，损失惨重，英国无法依靠坦克对德军进行反击，而德军的步兵却已经冲到了英军防线前。

英军的军心开始动摇！

在这千钧一发的时刻，协约国的法军和加澳军赶到，击退了德军，遏制了德军的攻势。

此刻的协约国联军已打得筋疲力尽，德军也损失严重，无力再战。好在美国的援兵和战略物资送到，给协约国联军以补充，使得联军战斗力增强。

8月12日清晨，协约国联军对德军开始了一次强有力的攻势，德军依旧顽强抵抗，但终因为补给不足，实力不足，坚持到黄昏后，不得不趁着夜色撤离亚眠，回防阿尔贝尔、佩龙纳及索姆河上游一线以东的地区。协约国联

军并没有追击撤退的
德军。

8月13日，协约
国联军夺取亚眠，完
全停止进攻，亚眠战
役结束。

在亚眠前线进攻的
德军

战役结束

通过亚眠战役，协约国联军夺回亚眠，完成了既定目标，但遗憾的是，
协约国联军并没有全歼德军。

在这场战役中，协约国联军歼灭德军 4.8 万人，俘虏 3 万人，击毁德军
火炮 500 门，联军也伤亡 4.6 万人。

在亚眠战役中，一辆协约国联军的坦克由于进攻速度太快，一下子穿插
到德军炮兵阵地的后方。这辆坦克猛烈地开炮，给德军炮兵以巨大打击。这
辆坦克还协同随后赶到的协约国骑兵歼敌 60 多人，攻击了德军补给车队，
战果丰硕。不幸的是，这辆坦克最终被德军击毁。

亚眠战役的影响

亚眠战役是协约国从战略防御转为战略进攻的关键战役，这次战役
后，德军士气大降，德国上下都明白了，他们已经无法赢得第一次世界大战
的胜利。为此，德国将领们为避免更大的徒劳的损失，于 8 月 14 日上书德
皇，决定和谈。

1918 年 11 月 11 日凌晨 5 时，在荷兰女王的调解下，德国代表正式向法
国福煦元帅递交了停战协定，表示投降，至此第一次世界大战结束。

默兹—阿戈讷战役

1918年8月以来，德军连连败北，协约国节节胜利。就在9月和10月，60万美军进入默兹—阿戈讷作战，迫使德军将领鲁登道夫动用他的27个最精良的后备师，以增援其摇摇欲坠的默兹—阿戈讷战线。此战役美军成功吸引了德军部队，因此大大地减轻了其他防区英法联军的负担。

福熙元帅要断德军后路

1918年8月以来，一战结束的曙光已经显现出来了，甚至有人说，德军在1918年当年就会被打败，一战就此结束。协约国为了这个目标，不断对德军发动攻势。在1918年9月和10月，协约国军队为彻底瓦解德军的兴登堡防线，决定发动大规模的作战。

兴登堡防线从伊普雷东北的海岸延伸到瑞士边界，是德军精心构筑的重要防线，如果兴登堡防线失守，德军将完全陷入被动，只能被动挨打。所以说，兴登堡防线也是德军的心理防线。

对于这次攻势，协约国英法联军有着很好的规划，他们并不准备在正面战场突破，而是攻击德军补给的交通运输线，让法国境内阿登地区的德军陷入不利局面，然后再彻底歼灭德军。

默兹—阿戈讷战役的首要目标就是，夺取或切断

今日默兹河

默兹—阿戈讷战役
中作战的士兵

赖以调动部队和补给的铁路线等交通线,然后迂回包围德军。

德军在法国和比利时境内,主要依靠一条从梅斯向西北延伸的铁路进行后勤补给。协约国英法联军的总司令福熙为截断德国退路,把包括梅济埃尔和奥努瓦这两个铁路接合点在内的五十英里狭长地带定为夺取目标。为此他协调法英军队从西面向奥努瓦推进,法美军队从南面的默兹—阿戈讷向梅济埃尔进攻,最后两军会合。

协约国联军计划通过默兹—阿戈讷战役的胜利,将占领铁路系统,穿插分开德军各军之间的地上交通。这样德军即使撤退,也只能通过大迂回,经过列日和莱茵河流域的路线撤退,费时费力而且后勤补给困难。甚至于协约国联军通过此战,可以掐断德军退路,彻底歼灭德军。

双方都在备战

德军统帅部对于协约国发动默兹—阿戈讷战役是有预料的,德军副参谋长鲁登道夫清楚地知道,德军不可能在协约国军队的快速猛攻下,有序从列日和莱茵河拥塞隘道撤退,所以德军必须发扬破釜沉舟、顽强抵抗的作风,依靠兴登堡防线挡住协约国军队的进攻。为此,德军在从海边到墨

默兹—阿戈讷战役
中英军伤亡惨重

兹河的防线后方, 修筑了三道新的防线, 而且德军还加强了默兹—阿戈讷地区的防守力量, 设置了大量障碍物。从防御角度上说, 默兹—阿戈讷是一个很好的防御地形。默兹河东面的科特德—默兹河的高地十分陡峭, 炮兵驻扎于此, 居高临下射击, 英法联军几乎无法将其攻破。

另外, 默兹—阿戈讷的中途, 即蒙福孔山丘, 能够居高临下地俯瞰到周围地区全貌, 也是双方必争的要地。该地的德军戒备森严, 德军已经加强了该地 20 英里的正面防线。协约国军队要攻占蒙福孔山丘, 唯一可行的办法是猛烈攻击蒙福孔山丘两边防线的突出部, 撕开裂口, 然后用侧翼进攻来扩大突出部裂口, 威胁德军防线后方, 从而迫使德军退却。

协约国联军的进攻, 可不是仅仅针对默兹—阿戈讷地区, 在佛兰德, 有比利时军和英军的进攻, 在康布雷—圣康坦, 有英军的进攻, 在中央的香巴尼, 有法军的进攻。

双方兵力对比

协约国联军在此次攻势中, 包括对于默兹—阿戈讷地区的进攻, 共投入了 220 个师的兵力。德军兵力枯竭、严重短缺, 只能勉强集结起 197 个师进行防守。这些德军部队在一战开始前, 的确士气高昂, 但经过漫长的战斗, 德军厌战情绪日益增长, 战斗力已经大大下滑了。

至于在默兹—阿戈讷方向的战役, 协约国方面则由美军担任主要作战任务。美军参战的兵力只有 60 万人, 合计 9 个师, 其中大概三分之一的师有过进攻经验, 大概三分之一的师同他们的支援部队既未一起作过战, 也未曾一起受过训练, 另大概三分之一的师在近处作为后备队, 这些美军都是在 9 月中旬完成圣米耶勒突出部反攻后调来的。

值得一提的是, 直到进攻那一天, 由于发生了运输上的意外困难, 只有

1个美军师经过战斗开抵前线。然而美军最终还是克服种种困难，为顺利实施这次进攻战役创造了条件。

美军吸引住德军大部队

1918年9月26日，西线协约国军队总司令福煦下达实施总攻的命令，默兹—阿戈讷战役的序幕正式拉开。联军先进行了3个小时炮击，然后对默兹—阿戈讷发动进攻。

美军突然进攻默兹—阿戈讷中路，将德军第一道防线突破，到这日黄昏，美军已前进6公里~9公里。第二天，美军就把蒙福孔山丘两边远离主阵地的突出部攻下，并且攻克德军第二道防线。

德军面对美军如此强大的攻势，不得不抽调兵力前来堵截。为此，鲁登道夫从西线抽出7个师来支援德军。7个师的德军援兵恰逢其时，把美军的攻势挡住了。美军为了恢复攻势，调兵遣将，调来有经验的老兵代替新兵。一切准备就绪，美军再次发动攻击，但依旧战果很少。

美军在此后的四周时间里，正面进攻虽然顽强，但牺牲却很巨大。直到10月31日，美军才夺取了阿尔贡森林，突破了德军的第三道防线，另外，法军第4集团军在亨利·古罗将军的领导下，也到达了埃纳河。

面对美法军队的双重压力，鲁登道夫不得不调动后备军27个师，增援默兹—阿戈讷战线。这样一来，德军的兵力就被吸引在这里，大大减轻了其他协约国军队总攻的负担。

至于美军为什么前期进展顺利，后期寸步难行，其原因是德军的防守反击战术——弹性防御战法，就是前方防线设置得很薄弱，而将真正的防御力量置于相当距离的后方，这样一来，美军在前期利用奇袭战术，自然能够长驱直入，到遇到德军真正的防御力量时，美军就寸步难行了，这时候德军正好左右包抄，将美军围进精心编织的打击圈之内。而且，德军在增援部队的支持下，还对美军进行反攻，在德军机枪扫射下，美军一片混乱，损失惨重。

圣米耶勒战役：美军首次单独作战

1918 年 9 月 12 日，在西线战场上，美国远征军发动了收复圣米耶勒突出部之战。这次战役是战争期间美军第一次单独组织实施的大规模进攻战役。此次战役从 9 月 12 日开始，到 9 月 15 日结束，在战役中，美国远征军重创了德军。

必须拔掉圣米耶勒突出部

早在 1914 年，德军在围攻凡尔登要塞的过程中，就占领了圣米耶勒。此后德军重兵布防圣米耶勒。德军的圣米耶勒突出部楔入到法军防线 20 公里，切断了法军从巴黎到洛林的铁路交通线，这严重阻碍了巴黎与法国东部前线的铁路联系，同时对法军凡尔登、南锡等要塞产生了巨大的威胁。

法军视圣米耶勒突出部为眼中钉、肉中刺，在 1915 年曾发动了一次对圣米耶勒突出部攻击，试图拔掉这个钉子，但失败了。此后法军一直没有放弃对圣米耶勒突出部的监视。

时间到了 1918 年，协约国进入反攻阶段，正筹划在墨兹河和阿尔贡森林之间的防区进行大规模的进攻，圣米耶勒突出部又成为了协约国联军的绊脚石。所以，协约国联军将切除这个突出部作为首要作战目标。只有消除这个突出部，才能确保巴黎—凡尔登—南锡铁路畅通，并为以后进攻德军控制的梅斯—色当铁路和布里埃铁矿盆地提供前进的基地。

协约国将这个任务交给了美国远征军。具体来说，美国远征军的目标就是在法国圣米耶勒发动攻势，把德军占据的这个突出部消除。

潘兴

双方力量对比

一战中的美国远征军

潘兴是美国远征军的司令，他领受任务后，仔细分析圣米耶勒突出部的形势，决定把美国远征军的进攻重点放在南边。他计划让美国远征军第1集团军所属第1、第4军7个师在圣米耶勒突出部的南面实施主要突击。与此同时，还对突出部的顶端实施佯攻，另外，第5军3个师从突出部的西面实施辅助突击。

为了保证此次战斗的胜利，潘兴集结了55万美国远征军，外加3000门火炮、267辆坦克和1500架飞机。

而圣米耶勒当地的德军守军是加尔维茨集团军的7个减员师，他们拥有560门火炮、200架飞机，另包括5个预备队师。

战争全过程

9月12日5时，圣米耶勒战役正式打响。美国远征军在突出部的南边开始轰击，900门大炮一齐开火。持续4个小时的轰击之后，进攻的号令响起，在坦克的支援下，突出部南面的美军步兵率先发起进攻。8时，突出部

今日圣米耶勒

西面的美军也开始进攻。

战至黄昏时候,美国远征军的主要作战目标已经达成:占领了圣米耶勒突出部。

13日,美国远征军南面和西面的两翼部队在维尼厄勒村胜利会师,宣告突出部战役完全胜利。

14日~15日,美军在摩泽尔河以西继续进攻,以扩大战果,但进展甚微。16日,美法军队进抵到德军后方阵地后,因为久攻不下,停止进攻。战役于是结束。

此次攻击,美国之所以如此顺利,是因为在战役开始前,防守该突出部的德军和奥匈部队兵力就比较薄弱。另外还因为,德军统帅部在美国远征军即将进攻前,于9月8日果断命令突出部的德国守军全线撤退,但是直到美军进攻时,德军的撤退远没有结束。这也是美国远征军的进攻只遇到零星抵抗的原因。

美国远征军的收获

收复圣米耶勒突出部之战是一战中由美军组织实施的首次大规模进攻战役。在这次战役中,美军以不到7000人的伤亡代价,歼敌5000人,俘获德军1.6万人,收复土地500平方公里,战果是丰硕的。但是,美军没能及时发现德军撤退的军情,错失了合围德军的战机,这是一大遗憾。但对于美国远征军这支没有战争经验的军队来说,这已经是一份了不起的成就了。

第五章
落幕：埋下了二战祸根

人类为战争付出的代价，是那些生活在 20 世纪末的人们最难以想象的，被动员参加战争的人数高达 7000 多万，900 多万人死于战场，他们的年龄在十几岁到二十几岁之间……

然而，战争的最大影响则集中体现在人类进步信仰的丧失上。这种信仰在 1914 年 6 月以前曾被视为西方文明的标志……西方文明经过 3 年多在血雨腥风中跋涉的历程，确已变得使人类惊恐不安，然而这还不是它恶变的终结……

——《剑桥战争史》

战争最后结束的日子

　　1918年11月11日凌晨5时，在贡比涅森林中的一节火车车厢里，德国代表满含泪水，在苛刻的停战协定上签字，至此第一次世界大战结束了。停火的消息传到前线，一位战前是作家的战士写道："解下绷带，写一首颂扬和平的诗。"一位英国军官说："炮火终于停止了，战争结束了，人们又可以规划未来了。"一位记者写下了这样一段话："可怕的战火熄灭了，我作为战地记者写好了最后一条新闻，感谢上帝！"

突破德罗古防线

　　战争进入尾声，协约国在西线正在向前推进，德国人兵败如山倒。

　　1918年8月27日，英军统帅道格拉斯·黑格说："我们使德军遭到了一次沉重打击。我认为我们取得了英国军队所取得的最伟大的一次胜利。下列事实说明了这一点：我们大约抓了4.7万名俘虏，缴获了六七百门炮，还占领了大片地盘。但是，我们还没有彻底搞垮德国人，我估计不久还会捉到更多的德国俘虏，这是因为德军已彻底厌战，我们的进攻还会继续下去。"

德国人兵败如山倒

　　同一天，道格拉斯·黑格向法将斐迪南·福煦发出信件，要他立即使现在驻在法国的140万部队做好准备，以便能毫不延缓地发动一次重要的进攻。

　　德国人正在慢慢退回到兴登堡防线。

　　9月2日，英国第1集团军和加拿大军队对兴登堡防线往北延伸的德罗古

206

美军胜利在望

一克万特阵地发起进攻。

上午 11 点左右，德军德罗古——克万特阵地的两条主要战线已被摧毁。这意味着兴登堡防线的南端遭到了严重的破坏，德国人将不得不大举撤退。

道格拉斯·黑格高兴地说："我认为结束战斗的时刻为期不远了。今天的战斗确实取得了巨大、辉煌的胜利。"

歇斯底里的德国皇帝

英国人突破德罗古防线的消息传来，德皇威廉二世暴跳如雷。

他用拳头敲着桌子，大声说道："现在我们输掉了这场战争，可怜的祖国！"

他继续说："第 17 集团军遭到了严重的挫折，其两翼正受到敌人的骚扰。突出地带被迫放弃。这种失败以及丢失如此多的地盘在政治上造成的影响是灾难性的。"

他显然十分激动，开始数落起他的将军们以往的失败："我不知道他们在阿韦纳都干了些什么！在 7 月 15 日开始进攻马恩河时我确信，法国的后备部队不超过 8 个师，英国也许不超过 13 个师，不料敌人在维莱—科特雷森林还集结了几个师，我们却没有察觉。敌人发起了进攻，在突破了我们的右翼后迫使我们后撤。自那以后，我们接二连三地遭到了失败。我们的陆军正处于山穷水尽的境地。高级军官都阵亡了。"

他几乎到了歇斯底里的程度："这不折不扣地意味着我们已输掉了这场战争！"

这天，德国元帅保罗·冯·兴登堡发表了一项声明："我们正在同敌人

协约国联军突破兴
登堡防线

进行一场激烈的战斗。如果单是数量上的优势就能保证胜利的话，那么，德国早就被彻底摧垮了。不过，敌人懂得，单靠武器是不能征服德国及其盟国的。"因此，敌人正力图动摇德国老百姓的意志。"敌人想毒化我们的灵魂，并认为，如果德国人的灵魂被腐蚀了，他们手中的武器也将失去光芒。"

兴登堡还说协约国飞机在向德国部队投掷炮弹时散发大量宣传品，协约国这些不计其数的"毒箭"，对这次战斗的状况散播谎言，这些谣言席卷德国全国。

兴登堡又说："这种毒素在休假的军人身上产生了影响，并通过信件传播到前线。我们的敌人再次得意忘形……因此，德国的军人和德国国内的人民必须记住，如果你们听到或看到哪怕是一点点这些以传单或谣言形式传播的有毒的东西，都是从敌人那里来的，从敌人那里来的东西对德国是有害的，要提高警惕。

拔掉肉中刺

9月10日早上，道格拉斯·黑格在英国陆军部告诉米尔纳勋爵，过去4周中英军取得了惊人的胜利，俘获7.7万名俘虏，夺取将近800门大炮，这在英国历史上是从来没有过的胜利。

他让勋爵放心，德军的斗志正在迅速瓦解。"在我看来，这是完结的开始。如果我们现在采取有力的行动，就能在最近的将来取得结果。"

当道格拉斯·黑格在说服自己的上司尽快进行最后的决战时，美国远征军司令约翰·潘兴正在备战，准备对这条漫长曲折的防线的另一端发起进攻。

自1914年以来，位于凡尔登以南长约40公里的德军圣米耶勒突出地带始终直指巴黎。这个突出地带依然是对法国军队的公然挑战。

8月30日，约翰·潘兴接过了整个圣米耶勒防区的指挥权。

9月12日早上5点钟，美军向圣米耶勒突出地带发起了攻击。

这天凌晨1点，狂风大作，暴雨如注。差不多在同一时间，美军几乎所有2800门大炮开始轰击。

几天来，德国人一直预料敌人会发动一次重大进攻，并准备好一旦进攻来临就撤出圣米耶勒突出地带。但当进攻真的来临时，他们还是感到很突然。

此时，美军司令约翰·潘兴正在吉隆维莱古堡的一个高高的瞭望台上观察战况。炮弹爆炸发出的光亮、空中照明弹以及熊熊燃烧的军需堆集处和村庄，映红了战场上空，呈现出一派壮丽而又可怕的图景。

"我们欣喜若狂，在这里，经过了17个月的努力之后，美国军队终于在自己的旗帜下战斗了。与此同时，我们也意识到这会给双方都带来牺牲。然而，这是命运的安排，我们必须战斗到底。"

一位美军少校军官也回忆说："从西到东，目光所及之处，真是横扫千军如卷席，其力量之大，不可阻挡。这种景象简直如一幕特意安排的壮举，而不像一次重要的战役。这就像一幅壮丽的图画。"

这天当夜幕降临时，圣米耶勒突出地带已全部被美军攻克了。4年来，它一直是法国一翼的肉中刺。现在这根刺终于被拔掉了，而且只用了1天时间。

一位德国将军说："在长达5年的战争中，我经历了许多事情，取得的胜利也不少，但是我必须把9月12日列入我的为数很少的黑暗的日子之一。"

鲁登道夫在得知这一消息时被惊得呆若木鸡。8月的那场大溃退后接踵而来的这次惨败，使他"完全绝望了"。

兴登堡防线被突破

9月26日，协约国对德国兴登堡防线展开了最后的总攻。

美国军队将在位于默兹河和起伏不平的阿戈讷森林西部边缘之间长达38公里的战线上发起进攻。

一位名叫佩顿的坦克指挥官对这场战斗已经迫不及待。

"就给你写几句话吧，我就要前去参加一场也许是战争史上或迄今为止世界上最大的战役。"他在给妻子的信中写道，"我将率领两个营和一批法国坦克去参加战斗。在这样的时刻我总是感到紧张不安，就像在马球或足球场上比赛快要开始时那样。不过，到目前为止，我一切都好。"

9月26日凌晨两点半，万炮齐鸣，协约国3800门大炮一起开火。

一位协约国飞行员这样描述他看到的景象："透过黑暗，整个西方地平线被无数跳跃的闪光照得透亮。这番景象使我想起了巨大的配电盘。随着一双无形的手操纵着插头，配电盘上放射出数以千计的电火花。"

同一天，道格拉斯·黑格率领的英军第1集团军和第3集团军对西部战线，即兴登堡防线的最坚固的防御工事发动了一次强攻。

自8月8日之后，英国人在布满战壕、弹坑和铁丝网的长达60公里的战线上，把德军击退了将近40公里。但英军的代价也是巨大的，他们伤亡了18万人，最终他们终于打到了兴登堡防线。

在一天的时间里，道格拉斯·黑格率领的英军两个集团军就俘虏了1万名俘虏和200门大炮。更为重要的是，他们已突破了兴登堡防线的北部防线，进入了开阔的农村地区。

"从此以后，那种讨厌的、传统的堑壕战已成为过去，新的阶段开始了。"道格拉斯·黑格说。

9月28日，德军统帅鲁登道夫收到了坏消息：位于康布雷前面的兴登堡防线被突破了。

他怒不可遏，摇摇晃晃地站起来，开始咒骂起来，不是咒骂敌人，而是咒骂自己的皇帝，咒骂海军，咒骂国内方面的人，特别是议会。一名参谋一看形势不对，急忙关上门。

下午6点，依然脸色苍白、气得发抖的鲁登道夫来到楼下兴登堡的房间里。两人面面相觑，无言以对。兴登堡说："我从他的脸上可以看出他给我带来了什么消息。"

鲁登道夫吞吞吐吐地说："必须要求立即停战。"

兴登堡眼里充满泪水，点头表示同意。他们被迫接受这一痛苦的事实。"现在战争已经失败，没有任何东西能改变这一事实。假如我们有力量在西部扭转战局，那当然我们还没有输掉全部东西，但是，我们已经无能为力了。如果我们继续采取消耗我们在西部战线的部队的做法的话，我们只能等待一次又一次地被击败。这样局势只能越来越糟，而不可能越来越好。"

永载史册的 11 月 11 日

到 9 月的最后一天，法军斐迪南·福煦元帅得意至极，因为他的协调一

签订《贡比涅森林停战协定》

致的总攻势终于正在得到实现。

从佛兰德到凡尔登，人人都在战斗。在遥远的北方，比利时人在他们国王的领导下，正在向德军发起进攻。在伊普雷，协约国的军队以雄伟的气势向前推进。英国人已经突破和正在接近兴登堡防线，斗志昂扬的美国部队，正在重新组织在默兹—阿戈讷地区的另一次重大攻势。

对斐迪南·福煦来说，梦想变成了现实，1918 年就能取得胜利。

他意识到，一战就快结束了……

11 月 11 日凌晨 5 时，在贡比涅森林中的一节火车车厢里，德国代表满含泪水，在苛刻的停战协定上签字。

然而时势弄人。法国人没有想到，20 年后，这一幕会在另一次世界大战中重演。在不同的时间却是相同的地点，轮到法国人落泪德国人高兴了，而那个可恶的希特勒，更是令人作呕地在此跳起了欢乐的快步舞。

停火的消息传到前线，一位战前是作家的战士写道："解下绷带，写一首颂扬和平的诗。"一位英国军官说："炮火终于停止了，战争结束了，人们又可以规划未来了。"一位记者写下了这样一段话："可怕的战火熄灭了，我作为战地记者写好了最后一条新闻，感谢上帝！"

战争结束啦！这消息如同烈火燎原，迅速传遍法国、英国、美国……引起了人们通宵达旦的狂欢。

凡尔赛体系，埋下仇恨的种子

战争结束后，正像《剑桥战争史》指出的那样，冲突中的世界并没有平静，战胜国召开了巴黎和会，在全球范围内建立起帝国主义重新瓜分世界、维护战胜国利益和维护战后和平的新秩序，这就是凡尔赛体系。《剑桥战争史》指出，凡尔赛体系包含了新的重大对抗的不可避免性，实际上，这是为下一次世界大战作好了准备。

巴黎和会的召开

1919 年 1 月 18 日，巴黎和会在法国巴黎的凡尔赛宫召开。参加巴黎和会的各国代表有 1000 多人，其中全权代表 70 人，但起主导作用的是美国总统威尔逊、英国首相劳合·乔治、法国总理克里孟梭和意大利首相奥兰多，其实只是"四人会议"。后因意大利在一战中作用不大，国家又没有什么实力，被英、法、美冷落在一边。所以，实际上又成为"三人会议"。巴黎和会只有三个巨头，代表着三个国家：美国、英国和法国，他们主宰着会议，也主宰着世界。

可是在整个会议过程中，三个巨头却各自心怀鬼胎。

英国希望得到海上霸权，继续它的殖民霸权。又因为英国领土不在欧洲大陆，为了自身的安全，英国希望通过这次分赃会议，达成使欧洲大陆各个国家实力均等的目的。

法国和据有英伦三岛的英国不同，它是欧洲大陆的主要大国，一直希望能得到欧陆霸权，为此它苦苦等待时机，巴黎和会正是法国谋取欧陆霸权的好机会。

美国作为帝国主义国家的后起之秀，在一战中美国本土没有燃起战火，经济得以发展，又因为它是一战后期才参战的，战争损失也很少，所以美国的野心很大，它希望通过此次会议，获得世界霸权。

三巨头各有各的打算，无法达成一致，每一个国家都与另外两个国家

巴黎和会足足开了
五个月

互为对手, 而又能与另外两个国家
的其中一个联手, 这场会议注定成
为一场争吵不休的会议。

英国首相和法国总理为了战
败国的赔款吵得不可开交。

"你们法国拿 50%, 我们英国
得 30%, 怎么样? "

"不行, 绝对不行! 这次大战, 法国损失最大, 我们应该得 58%。"

"你太过分了, 我们不同意。"

"那我们也不同意。"已经 78 岁的法国总理克里孟梭, 虽已满头白发,
但仍像只野兽般凶猛, 真不愧"老虎总理"的称号。而英国首相劳合·乔治
也百般纠缠, 一点儿都不牺牲自己的利益。

美国总统威尔逊只好在英法之间周旋, 忙着打圆场:"我们美国一分钱
都不要。你们两国都少得点, 让别的国家也得些好处, 法国得 56%, 英国得
28%, 这样可以吗? "

法国总理厉声喊着:"可以。但法德边界得以莱茵河为界: 除阿尔萨
斯—洛林归还法国外, 德国的萨尔区也归我们! "

这一招很厉害, 如果法国得到萨尔区, 就意味着他控制了欧洲最重要
的军事工业区, 将来可以在欧洲大陆称王称霸。对这点, 英国和美国当然不
同意。

就这样, 他们从 1 月吵到 4 月, 谁都不肯让步。三个人经过无数次的争
执和讨价还价后, 终于有了结果, 英国得到了 1000 万人口的领土; 法国得到
750 万人口的地区, 包括阿尔萨斯、洛林、萨尔, 但有规定, 法国只许占有萨
尔 15 年, 之后就得归还德国; 日本也得到了德国在太平洋上的属地, 而美国
想得到的"门户开放"原则也得以通过, 这样一来, 美国的商品与资本就可
以进入这些地区, 实行"利益均沾", 大家都有好处分享。

除分赃外, 巴黎和会还有以下几个方面议程:

第一, 密谋扼杀新生的苏维埃俄国, 决定对苏俄实行经济封锁。

第二, 筹组国际联盟来反对列宁创建的共产国际。

第三, 国际联盟指挥各国反动派向革命人民进行血腥镇压, 同时重新

瓜分德国原有的殖民地。

中国的利益被出卖

1919 年 6 月 28 日是巴黎和会的最后一天,也是全体战胜国在《凡尔赛和约》上签字的一天。但作为战胜国的中国代表团并没有出席会议,因为他们拒绝签字。

原来中国代表对于《凡尔赛和约》里关于中国的条文不满,具体内容是：战前德国侵占的山东胶州湾的领土,以及那里的铁路、矿产、海底电缆等,统统归日本所有。

本来中国当时参加了协约国,对同盟国作战,曾支援协约国大量粮食等物资,还派出 17.5 万名劳工,牺牲了 2000 多人。中国作为战胜国,索回被德国强占的山东半岛的主权,这本是顺理成章的事。但英、美、法三巨头却擅自做主,把山东半岛送给了日本。

尽管中国在法理上和气势上占据上风,但由于当时国际局势错综复杂,日本又采取各种阴险手段,同时中国政府内部的一些派系斗争又使日本趁混水摸鱼,最终日本还是获得了德国在山东的一些利益。

这次和会尽管使中国遭到了因弱小被人欺的屈辱,但第一次作为战胜国的身份出现在世界舞台上是有积极影响的：一、由于是战胜国,中国便有了讨价还价的资本,有了胜者的心理、胜者的口吻。中国外交官在和会上慷慨陈辞、据理力争,充分展现了中国外交官的风采,令人刮目相看。二、和约中规定了一些有利于中国的条款,如废除德国在华领事裁判权,取消中国向德国的辛丑赔款,归还山东以外的租界地等。三、由于是战胜国,中国的合理要求被拒,中国人一下子从希望的巅峰跌入失望的低谷,一种被出卖、被蔑视的民族愤怒情绪山呼海啸般爆发出来,形成声势浩大的著名的"五四"运动,揭开了中国新民主主义革命的序幕。

可是,当时中国的北洋军阀政府却卖国求荣,准备签字承认这个丧权辱国的条约。于是,中国人民忍无可忍,终于

巴黎和会中国代表顾维钧

中国代表团在巴黎
和会上

爆发了轰轰烈烈的"五四"运动。

在全国人民的声援和支持下，中国代表团向"和会"提出两项提案：

第一，取消帝国主义在中国的特权。

第二，取消日本强迫中国承认的"二十一条"，收回山东的权益。

但中国的提案被否决了，卖国的北洋军阀不但不全力支持中国代表，而且还命令中国代表团在和约上签字。

6月27日清晨，在巴黎的华工和中国留学生举行了声势浩大的抗议活动。6月28日，3万多名华人齐集在中国代表团的住所外面。

"不能签字！"3万人发出了一个共同的呼声。

"谁签字，就打死谁！"15名敢死队的青年已经做好了准备，要以自己的鲜血和头颅去捍卫祖国的尊严和权利。

中国代表团也发表了一项声明："山东问题不解决，我们决不在和约上签字！"

凡尔赛体系的建立

《凡尔赛和约》的签订，标志着凡尔赛体系的建立。凡尔赛体系是帝国主义重新瓜分世界的体系，英、法、美等战胜国通过获得战败国的殖民地，实现了它们在战前追求的主要扩张目标。

凡尔赛体系的领土安排，在欧洲引发了新的民族矛盾，并最终为纳粹德国所利用。凡尔赛体系是反苏的工具，列强最初以消灭苏俄为目的，继而以孤立苏俄为目标。另外，凡尔赛体系加深了帝国主义和殖民地半殖民地之间的矛盾。

凡尔赛体系加深了帝国主义国家之间的矛盾，德国虽然被迫在条约上签了字，但并未承认自己的失败，随着国力的恢复和增长，德国必然要求修改条约。

法国元帅福煦事后曾说："这不是和平，这是二十年休战。"历史无情地嘲笑了巴黎和会。1939年9月，希特勒再次在欧洲掀起大战，距巴黎和会正好是20年！二十年后，世界大战再起，世界人民再次陷入灾难和痛苦中。